KB268305

인간의 난제와 하나님의 구원

인간의 난제와 하나님의 구원

신호섭

좋은씨앗

시편 107편에 대한 이 묵상집에는 읽는 이의 마음을 움직이는 힘이 있습니다. 그 힘은 복음의 힘입니다. 시편 제5권을 시작하면서 포로의 고통에서 건지신 하나님을 찬양하고 백성들을 교훈하는 시편 107편에는 강력한 복음이 담겨 있습니다. 그것은 죄와 고통, 회개와 부르짖음, 구원과 회복의 복음입니다. 이 책은 인간이 겪는 죄와 고통을 '난제'로 표현하며 그것을 이 시편의 표현을 빌려 '광야,' '흑암과 사망의 그늘,' '질병과 죽음,' '인생의 광풍'이라 부릅니다. 이 책은 하나님을 거역하고 하나님을 떠난 모든 인생이 만날 수밖에 없는 삶의 난제를 신학적이면서도 실제적인 언어로 묘사하여 독자들로 하여금 본인들이 만나는 난제들 속으로 깊이 들어가게 합니다. 그런 다음 시편

107편의 패턴을 따라 하나님께 부르짖어 인자와 자비의 하나님을 만나게 하고, 그리스도의 십자가를 경험하게 한 다음, 성령 안에서의 회복을 누리도록 안내합니다. 이 모든 과정에서 저자의 경험과 풍성한 신학적 지식이 적절하게 어울려 복음의 원리를 선명하게 깨닫게 합니다. 많은 이들이 이 책을 통해 이 풍성한 복음을 누리게 되기를 바랍니다.

김성수 고려신학대학원 구약학 교수

단숨에 읽어 내려갔습니다. 온갖 풍성한 진미가 가득한 정찬을 대접받은 느낌입니다. 현대의 대중음악과 찬양곡에서부터 청교도들의 신앙 이야기까지, 한 스님의 조언으로부터 위대한 신학자의 고언까지, 미국 어느 골목길에서부터 이스라엘의 광야길까지 즐겁고도 마음 따뜻한 여행을 다녀온 듯합니다. 이 책은 시편 107편을 본문으로 하여, 우리가 살아가면서 마주하는 어려움을 네 가지로 조명하며, 하나님의 해답을 찾아갑니다. 우리가 통제하기 어려운 광야 같은 인생길을 걸어가는 사람들을 위해 쓰였지만 섣부른 위로를 건네지 않습니다. 오히려 광야의 고통에 직면하게 합니다. 절망도 보게 합니다. 그러나 바로 그 자리가 인생의 난제를 풀어가시는 하나님의 인자하심과 예수 그리스도의 복음을 만나는 은혜의 현장임을 일깨웁니다. 저자는 교의학자요 하나님 말씀의 설교자로서 깊은 신학적 성찰과 다양한 성경 구절을 소개합니다. 때로는 날카롭게 개혁주의의 핵심 교리에 다가가기도 하고, 때로는 성경학자로서 본문의 본연의 의미를 날카롭게 파헤치기도 합니다. 그러면서도 실존적 고난 가운데 있는 성도를 바라보는 목회자의 가슴 따뜻한 시선을 잃지 않습니다. 책을 펼칠 때 인생의 광야 한복판에 서 있었다면, 책을 덮을 때는 여기까지 인도하신 하나님의 인자하심으로 인해 인생 광야 길을 다시 살 소망을 품게 될 것입니다. 인생의 밤을 지나며 홀로 답을 찾고 있는 모든 순례자에게 이 책을 기쁜 마음으로 권합니다.

강화구 제일영도교회 담임목사

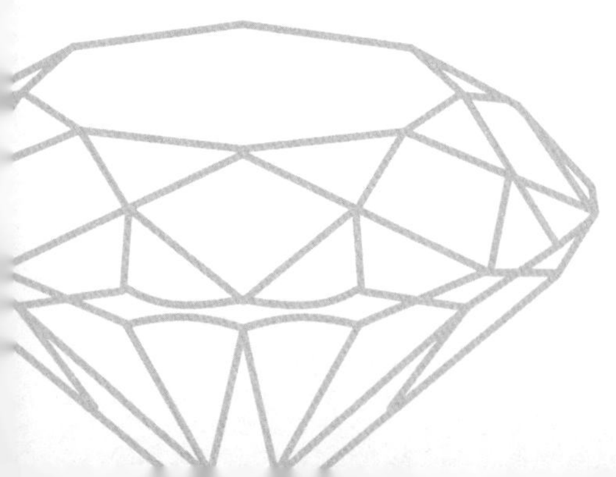

Non est iustitia Dei sine misericordia.

하나님의 공의는 자비 없이 존재하지 않는다.

아우구스티누스

인생의 사계를 지나 구원의 항구로

선지자 모세는 우리의 인생살이가 칠십이요 강건하면 팔십이라도 그 연수의 자랑은 수고와 슬픔뿐이요 신속히 가니 우리가 날아간다고 고백한 바 있습니다(시 90:10). 모세는 우리 인생의 삶이 기껏해야 수고하는 일이며, 슬픔이라고 노래합니다. 그조차도 신속히 가는데 시위를 떠난 활과 같이 날아간다고 말합니다. 사실 우리 인생의 여정에 크고 작은 기쁨과 즐거움이 없는 것은 아니지만 죄 가운데 태어나 살아가는 인간의 삶은 수고와 슬픔이 더 많은 것 같습니다. 인생을 어느 정도 살아본 사람이라면 모세의 이 고백에 동의할 것입니다.

보통 난제(難題)란 해결하기 어려운 일이나 사건을 뜻합니다. 다른 말로 위공병법(衛公兵法)에 나오는 진퇴양난이라 표현할 수 있으며, 영어로는 딜레마(dilemma)라 부를 수 있을 것입니다. 사람은 인생을 살아가면서 수많은 난제에 직면합니다. 그러나 난제 중의 난제는 시시각각 다가오는 야수와 같은 죽음을 사람이 어떻게 해결할 수 없다는 데 있습니다. 인생의 여러 문제들은 살아있는 한 어느 정도 해결이 가능합니다. 그러나 죽음이라는 난제는 결코 사람이 해결할 수 없는 난제 중의 난제입니다. 그렇기에 바울은 죽음을 쏘는 것이라고 했습니다(고전 15:55). 모든 사람은 영적으로 죽었고 그 결과 육체적으로 죽었으며 죽어가고 있고 곧 죽을 것입니다(창 2:17).

하나님의 말씀인 성경은 죽음을 가리켜 단순한 노화의 과정이 아니라 사람이 하나님을 배반하고 반역한 죄의 결과라는 것을 분명히 합니다(롬 5:12). 죄의 삯, 즉 죄의 결과는 곧 죽음입니다(롬 6:23). 사람이 한 번 죽는 것은 단지 시간문제일 뿐 정해진 일이요 그 후에는 심판이 있을 것입니다(히 9:27). 성경은 이것이 바로 모든 인류의 난제라고 말합니다. 사람이 온 천하를 얻고 어마어마한 업적을 남긴다 할지라도 자기 목숨을 잃어버린다면 온 천하가 다 무슨 소용이겠습니까?(마 16:26).

그러나 하나님의 말씀인 성경은 난제만 말하지 않고 난제를 해결해 주는 치료책으로서의 구원의 복음을 제시합니다. 즉 하나님의 아들 독생자 예수 그리스도께서 우리를 살리시기 위해 그분의 생명을 희생 제물로 드리신 소식 말입니다(요일 4:10). 하나님의 아들이시나 사람의 몸을 입고 오신 독생자 예수 그리스도는 우리가 범죄한 것 때문에 내줌이 되고 또한 우리를 의롭다 하시기 위하여 살아나셨습니다(롬 4:25). 존 오웬은 이를 가리켜 "예수 그리스도의 죽음 안에서의 죽음의 죽음"(Death of death in the death of Christ)이라 표현했습니다. 그리스도께서는 멸망 받을 원수인 사망을 그분의 십자가 죽으심을 통해 정복하신 것입니다(고전 15:26). 바로 이것이 죄와 사망이라는 난제에 빠진 인간을 구원하시는 하나님의 능력입니다(고전 1:18; 롬 1:16-17).

여기 실린 시편 107편을 묵상하는 다섯 편의 원고는 2019년 한 해가 저물 무렵에 터진 코비드 19로 온 세상이 흑암과 사망의 그늘에 놓였을 때 올곧은교회 강단에서 선포된 메시지였습니다. 어느덧 정상으로 되돌아와 그런 흑암의 시절이 언제 있었냐는 듯 사람들은 또 다시 절제 없는 자유의 삶을 만끽하고 있습니다. 그러나 코비드 19가 아니라 할지라도 타락한 인간은 스스로 빠져 들어가는 광야에서 방황하는 존재이며 흑암과 사망의 그늘에 앉아 질병과 죽음을 맞이하는 비참한 존재입니다. 시인은 이것이 인생이 만난 광풍이라고 말합니다(시 107:25-27). 누가 우리를 이 사망의 몸에서 건져낼 수 있다는 말입니까(롬 7:24)?

그런데 여기 그 치료책이 있습니다. 주 예수 그리스도께서 그분의 생명을 화목제물로 드림으로 허물과 죄로 죽었던 우리를 다시 살리셨습니다(엡 2:1, 8; 고후 5:15). 하나님께서 주 예수 그리스도를 다시 살리셨고 그 능력의 하나님께서 그분의 권능으로 우리 역시 다시 살리실 것입니다(고전 6:14). 그러므로 다시 살리심을 받은 신자라면 더욱 위에 계신 그리스도를 찾아야 할 것입니다(골 3:1). 오직 그리스도만이 우리의 치료자이시요, 우리의 영원한 생명이 되시기 때문입니다(시 147:3; 요 11:25; 요일 2:25; 계 22:2).

완성된 원고를 몇 차례나 정독하면서 이 책에 등장하는 옛 추억의 순간들을 떠올릴 수 있었습니다. 소년시절 나이에 걸맞지 않게 성인가요를 많이 들었던 애늙은이였습니다. 스물세 살 청년의 나이에 영국으로 홀로 유학을 떠나 런던 상공에서 내려다본 어린이 명작동화에 나올 법한 아름다운 풍경들을 보며 흥분했던 밤을 기억합니다. 영국 유학을 마치고 또 다시 미국으로 유학을 떠나던 순간들, 낯선 나라 미국 어느 도시에서 길을 잃은 날의 당혹스러웠던 밤을 기억합니다. 리폼드 신학대학원 유학시절 집을 잠깐 비웠을 때 토네이도가 타운하우스를 덮쳐 화를 면할 수 있었습니다. 마침내 박사과정을 마치고 귀국길에 가족들을 차에 태우고 미국 서부를 횡단하며 라스베이거스를 향해 데스벨리(Death Valley)를 달리던 즐거웠던 추억의 시간들도 떠올렸습니다.

박사과정을 마치고 귀국한 지도 어느덧 14년이 흘렀습니다. 사람 마음대로 되지 않는 것이 인생사입니다. 때론 자주 길을 잃었고, 죽을 것만 같은 열병에 시달렸으며, 깊은 절망의 늪에 빠지기도 했습니다. 돌이켜보면 크고 작은 폭풍과 파도가 끊이지 않았습니다. 그럴 때마다 시인처럼, 폭풍과 큰 파도에서 건져주시는 구원의 뿔이요 산성이 되신 하나님께 부르짖었습니다(시 18:2; 107:6, 13, 19, 28). 전적으로 무능하고 소망 없던 죄인이 또 다시 숨 쉬고 살아갈 수 있었던 것은 오직 하나님의 한량없는 은혜 덕분이었습니다. 우리 성도의 인생은 나의 시간이 아니라 우리를 지으신 주님께서 이끌어 가시는 '하나님의 시간'입니다. 찬송가 가사처럼, 때를 정하시고 이루시며 우리를 다듬어 가시는 고난의 순간도, 인내의 열매도 모두 다 하나님의 시간 안에 있습니다. 오늘도 주님은 우리를 가장 선한 길로 인도하고 계십니다.

『인간의 난제와 하나님의 구원』은 시인의 고백일 뿐만 아니라 저자의 자전적 고백이기도 합니다. 그 와중에 하나님께서는 올곧은교회를 개척하게 하셨고, 고려신학대학원에서 후학들을 가르치게 하셨습니다. 목사아카데미를 설립하여 후배 사역자들을 도우며 미력하나마 한국 교회가 나아갈 방향을 제시하게 하셨습니다. 하나님께서는 그분의 영광을 위하여 모든 것을 합력하여 선으로 바꾸어 주셨습니다(롬 8:28). 그러므로 현재의 고난은 장차 우리에게 나타날 영광과 족히 비교할 수 없을 것입니다(롬 8:18). 부디 이 책을 통해, 인생의 수많은 난제 한복판에 찾아오셔서 구원을 베푸시는 하나님의 놀라운 은혜를 경험하시기를 소망합니다.

이 책을 미리 읽고 귀하고 따뜻한 추천의 글을 써주신 김성수 교수님과 강화구 목사님께 감사의 말씀을 드립니다. 아울러 보편교회를 위한 목사의 목회사역에 적극 협력해 주며 언제나 진리 안에서 성장해 가기를 기뻐하고 즐거워하는 올곧은 교회 모든 성도님들께 진심으로 감사드립니다.

+ 시편 107편 1-9절

1 여호와께 감사하라 그는 선하시며 그 인자하심이 영원함이로다 2 여호와의 속량을 받은 자들은 이같이 말할지어다 여호와께서 대적의 손에서 그들을 속량하사 3 동서 남북 각 지방에서부터 모으셨도다 4 그들이 광야 사막 길에서 방황하며 거주할 성읍을 찾지 못하고 5 주리고 목이 말라 그들의 영혼이 그들 안에서 피곤하였도다 6 이에 그들이 근심 중에 여호와께 부르짖으매 그들의 고통에서 건지시고 7 또 바른 길로 인도하사 거주할 성읍에 이르게 하셨도다 8 여호와의 인자하심과 인생에게 행하신 기적으로 말미암아 그를 찬송할지로다 9 그가 사모하는 영혼에게 만족을 주시며 주린 영혼에게 좋은 것으로 채워주심이로다

1. 첫 번째 난제, 광야 사막 길

1964년에 개봉한 영화 〈맨발의 청춘〉의 주제곡으로, 가수 최희준 씨가 부른 "하숙생"이라는 노래가 있습니다. 워낙 오래된 곡이라 잘 모르는 분도 있겠지만, 가만히 듣다 보면 우리네 삶을 깊이 있게 통찰하고 있다는 생각이 듭니다. 이 노래는 인생이란 잠시 머물다 가는 '나그네 길'이며, 마치 흘러가는 구름처럼 정처 없이 떠도는 여정이라고 읊조립니다. 어디서 와서 어디로 가는지 알 수 없는 길 위에서, 굳이 정을 주거나 미련을 둘 필요가 있겠느냐는 그 노랫말은 인생의 본질적인 허무를 꿰뚫고 있습니다.

　인간은 광야 사막의 길을 걷는 여행자와 같습니다. 그래서 우리 인생의 여정은 외롭고 쓸쓸하며 주리고 목마릅니다. 어디서 와서 어디로 가는지조차 알기 어렵습니다. 그 이유는 인간 모두가 하나님을 대적하고 불순종한 결과, 죄인이 되었기 때문입니다. 죄인으로 마주해야 하는 삶은 광야 사막 길을 걷는 것과 다르지 않습니다.

인류에게 낙인처럼 박힌 '죄'는 인간이 마땅히 가야만 하는 바른 길을 잃어버리게 만들었습니다. 또한 바른 길을 찾아 회귀하는 능력을 상실케 했습니다. 그 결과 인류는 저마다 자기 좋은 대로 살다가 방황하게 되었습니다. 시편 기자는 그렇게 참된 길을 잃어버린 인생의 참담한 모습을 생생하게 묘사합니다.

그들이 광야 사막 길에서 방황하며
거주할 성읍을 찾지 못하고
주리고 목이 말라 그들의 영혼이
그들 안에서 피곤하였도다(시 107:4-5).

시편 107편에서 시인은 이러한 삶을 "광야 사막 길"에 비유합니다. 그런데 놀랍게도 시인은 광야 사막 길을 방황하는 인생을 향해 "여호와 하나님께 감사하라"고 말합니다. 심지어

그 하나님이 선하시며 그 인자하심이 영원하시기에 감사하라
고 외칩니다.

> 여호와께 감사하라 그는 선하시며
> 그 인자하심이 영원함이로다(시 107:1).

그리고 그 외침은 다른 누구도 아닌, 여호와께 구속받은 자
들을 향한 부르심입니다(시 107:2). 즉 광야 사막 길에서 방황
하는 우리를 하나님께서 구원하신다는 의미이기 때문입니다.

우리는 왜 하나님을 믿어야 합니까? 우리는 왜 하나님을 찬
양하며 그분께 감사해야 합니까? 우리는 왜 시인의 초청에 응
답해야 할까요? 그 이유는 분명합니다. 인간은 하나님 없이는
바른 길을 알지 못하고 방황할 수밖에 없는, 연약하고 가련하
며 절망적인 존재이기 때문입니다.

시인은 시편 107편을 통해 방황하는 죄인의 참상을 보여주
면서도, 그 광야 사막 한가운데서 구원을 행하시는 언약에 신
실하신 하나님의 손길을 강조합니다.

인간, 광야에서 방황하는 존재

그들이 광야 사막 길에서 방황하며

거주할 성읍을 찾지 못하고(시 107:4).

시인이 인간을 '광야 사막 길에서 방황하는 존재'에 비유한 것은 결코 과장이 아닙니다. 당시 고대 근동 지역의 광야는 생존이 극도로 어려워 사람들이 기피하는 곳이었습니다. 물이 귀할 뿐만 아니라 먹을 것을 얻기도 여의치 않았습니다. 광야는 사람이 살 수 없는 죽음의 공간으로 여겨졌습니다. 이런 의미에서 인간은 광야에서 방황하며 "거주할 성읍"(a city to dwell in)을 찾는 존재들입니다. 여기서 '거주할 성읍'이란 사람이 정착하여 지속적으로 안전하게 살아갈 수 있는 거처를 의미합니다. 거주할 성읍은 인간에게 지속적인 안전과 보호와 평화와 만족을 제공해 주는 장소입니다.

미국 서부의 라스베이거스는 광야 한가운데 세워진 도시입니다. 끝없이 펼쳐진 사막을 지나다보면 갑자기 불야성처럼 번쩍이는 화려한 도시가 나타납니다. 이처럼 우리 인간은 늘 광야 사막 한가운데서 '거주할 성읍'을 세우려고 시도합니다. 자신들이 보호받고 안전하게 살 수 있는 도시를 건설하려 합니다. 더 나아가 더없이 만족스러운 쾌락을 누리며 지낼 수 있는 곳을 만들려고도 합니다. 그곳에서 우리는 우리 스스로를 지켜낼 온갖 안전장치들을 추구하며 살아갑니다. 밤늦도록 공부하고, 학벌 좋은 대학을 가고, 연봉 높은 직장을 구합니다. 건강을 해쳐가며 열심히 돈을 벌고, 더 많은 돈을 벌기 위해 사업을 벌이고, 그 사업을 더욱 확장하기 위해 과감한 투자를 벌입니다. 더 큰 집을 사고 더 좋은 승용차를 소유하며 더 비싼 음식을 먹고자 합니다.

그렇게 살아가다가 불현듯 '인생이란 무엇인가' 고민하게 됩니다. '나'라는 존재의 의미, 삶의 의미와 목적을 찾게 됩니다. 그나마 혈기왕성한 젊은 시절에는 이런 것들을 잘 생각하지 못하다가, 나이가 들면서 퍼뜩 정신을 차리기 시작합니다. 이제까지 자신이 무엇을 위해 달려왔는지를 돌아보게 됩니다.

하지만 그것도 잠시, 삶의 여유가 없어지고 분주함이 다시 엄습하면 예전의 삶으로 돌아가고 맙니다. 그러다 어느 순간, 직장을 잃고, 사업이 파산하고, 질병에 걸리고, 사고를 당하고, 나이가 들어 일어날 힘조차 사라지면서 죽음이라는 불청객과 마주할 때, 평생 가꿔 왔던 그 '거주할 성읍'이 송두리째 흔들리는 경험을 하게 됩니다. 광야 한가운데서 삶을 바쳐 건설하고 가꿔 왔던 그 안전망과 보호조치가 헛수고에 불과했음을 깨닫게 되는 것이지요.

이것이 시편 107편에서 시인이 말하고자 하는 인생의 첫 번째 난제입니다. **인생에서 만나는 가장 큰 난제, 바로 우리가 광야에 있다는 것**입니다. 우리는 광야 한가운데를 방황하는 가련한 존재입니다. 바른 길이 보이지 않습니다. 그곳에서 '거주할 성읍'을 마련하고 정착하기 위해 나름대로 수고하며 살아봤지만 결과는 허무할 뿐입니다. 현대를 살아가는 우리 모두가 이 문제를 진지하게 고민해야 합니다. 역사를 살아간 모든 지혜로운 사람들과 철학자들이 이 문제를 놓고 고민했습니다. 그리고 그 결론은 한결같이 모두 같았습니다. 어느 노래 가사처럼 어디서 왔다가 어디로 가는지 알지 못한다는 것입니다.

21세기를 살아가는 우리는 과거의 사람들보다 훨씬 더 지적이고 과학적이며 합리적이어서 그 길을 찾을 수 있다고 생각합니다. 우주선을 달에 보내고 별과 별 사이를 탐사하는 능력을 확보한 우리는, 반드시 안전하게 거주할 성읍을 마련할 수 있을 거라 자신합니다. 하지만 지금까지 늘 실패해 왔습니다.

『인간의 흑역사』(원제: Humans: A Brief History of How We F*cked It Up)의 저자인 영국 작가 톰 필립스의 말처럼 인간은 우주선을 발명할 만큼 똑똑하면서도, 결국 그것을 추락시킬 만큼 또한 어리석은 존재인 것입니다.*

인간, 안내자가 필요한 존재

우리가 광야 사막 길에서 '거주할 성읍'을 찾으려고 두리번거리 때 그 길을 알려주겠다는 소위 안내자들이 드물지 않게 나타납니다. '안내자'라는 명칭을 사용하긴 했어도 엄밀히 말하면 인격체는 아닙니다. 그것은 우리가 욕망하는 것들로, 돈이나 쾌락, 세상 권력, 혹은 명예일 수 있습니다. 세간의 평판이나 대중의 인기일 수도 있고, 아니면 특정 철학이나 사상일 수도 있습니다. 그러나 이 모든 것은 진정한 안내자가 아닙니다. 그들이 안내하여 따라간 곳에 우리가 안전하게 '거주할 성읍'은 없습니다.

청교도 작가 존 번연의 『천로역정』을 보면, 주인공 크리스천

---

* 1999년 나사(NASA)의 화성 기후 궤도선(Mars Climate Orbiter) 추락 사고를 다루며 언급한 부분입니다. 당시 록히드 마틴 측은 '야드파운드법'을 쓰고, 나사는 '미터법'을 쓰는 바람에 단위 변환 실수로 우주선이 추락했던 황당한 사건을 꼬집은 바 있습니다. 정확한 문장은 다음과 같습니다. "태양계를 가로질러 움직이는 표적에 금속 상자를 쏘아 보내 착륙시킬 방법을 알아낼 만큼 지적인 동시에, 야드파운드법을 미터법으로 변환하는 것을 깜빡할 만큼 명청한 종(species)이어야만 저지를 수 있는 실수다."

과 그의 동행자 신실(faithful)이 1년 내내 하루도 쉬지 않고 열리는 '허영의 시장'(Vanity Fair)을 방문하는 장면이 나옵니다. 여기서 '허영'은 단순히 잘난 체하거나 겉치레를 좋아한다는 현대적 의미를 넘어섭니다. 이는 '무가치함', '일시적임', '실체 없음', '공허함'을 뜻합니다. 즉, 영원하지 않고 금방 사라져 버릴 세상의 가치들을 의미합니다.

허영의 시장에서는 이 세상의 모든 사람들이 값지다고 여기는, 겉보기에는 화려하고 매력적인 물건들을 전시해 놓고 팔고 있었습니다. 보다 정확히 말하면 세상의 모든 욕망이 거래되고 있었습니다. 그것들은 가옥, 토지, 직위, 신분, 명예, 승진, 귀족 작위, 국가, 왕국, 욕망, 쾌락, 매춘부, 뚜쟁이, 아내, 남편, 자식, 주인, 하인, 생명, 피, 은, 금, 진주 보석 등과 같은 것이었습니다. 심지어 사람의 몸과 영혼까지도 사고팔았습니다. 그러나 그 어디에도 진정한 보화는 없었습니다.

크리스천은 세상 보물을 사라고 부추기는 허영의 시장 상인들에게 이렇게 말합니다. "진리가 있으면 진리를 사겠소!"(잠 23:23). 이 일로 인해 크리스천과 신실은 허영의 시장 상인들에게 흠씬 두들겨 맞았고, 그 고난의 끝에 신실은 허영의 시장 법정에서 채찍질을 당하고 칼에 베인 후, 말뚝에 묶여 화형에 처해졌습니다. 그는 고통스러운 최후를 맞이했으나 이후 그의 영혼은 하늘에서 내려온 병거에 실려 천성(Celestial city)으로 올라가게 됩니다. 이때 크리스천은 다음과 같이 노래합니다.

장하다, '신실'이여!
그대는 주님을 향한 그대의 믿음을
신실하게 증언했도다.
믿음 없는 자들이 세상의 온갖 헛된 쾌락을 안고서
지옥의 구렁텅이에서 울부짖게 될 때,
그대는 주님과 함께 복을 누리리라.
찬송하라, '신실'이여, 찬송하라.
그대의 이름 영원히 남으리니
세상은 그대를 죽였지만,
그대는 오히려 영생을 얻었도다.

허영의 시장은 인간이 욕망할 수 있는 모든 것을 다 팔았지만 정작 가장 중요한 진리가 없었습니다. 타락한 죄인을 구원으로 이끌어 자유케 하는 진리 말입니다. 그들은 광야 사막 길과 같은 이 세상에서 온갖 허영으로 치장하지만 정작 그들의 방황을 끝내줄 '거주할 성읍'을 찾지 못합니다. 여기서 '방황한다'는 말은 모두 제각각 옳다고 생각하는 길로 흩어져버렸다는 뜻입니다. 이사야 53장 6절 말씀과 동일합니다. "우리는 다 양 같아서 그릇 행하여 각기 제 길로 갔거늘." 그들은 그릇 행하여 각기 제 길로 간 사람들입니다.

설상가상으로 그들은 주리고 목마르고 피곤에 찌들어 절망적인 상태에 놓입니다.

주리고 목이 말라 그들의 영혼이
그들 안에서 피곤하였도다(시 107:5).

여기서 '주리고'라는 말은 음식을 풍족히 먹지 못한다는 말인 동시에, 영적으로 보자면 인간은 아무리 맛난 음식을 먹어도 굶주리는 존재임을 의미합니다. 주릴 뿐만 아니라 목도 마릅니다. 인생은 아무리 돈이 많아도 늘 갈급합니다. 우리의 근본적인 갈증은 그 어떤 소유로도 채워질 수 없기 때문입니다. 제 아무리 화려한 보석으로 치장한들, 거하는 곳이 광야 사막이라면 힘들고 괴롭습니다. 결국 우리의 영혼은 피곤해집니다.

우리는 언젠가는 반드시 지치고 피곤을 느끼게 됩니다. 이렇게 끝나는 것이 우리네 인생이란 사실에 절망합니다. 한때는 푸릇푸릇하던 시절이 있었는데, 이제 나이가 들어 노쇠하고 있음에 슬퍼집니다. 어느 날 갑자기 두려움이 몰려오곤 합니다.

　제가 젊을 때 유학을 떠나 잠시 필라델피아에 체류한 적이 있었습니다. 미국 생활이 얼마 되지 않은 어느 날 외출했다가 잠시 길을 잃었습니다. 날은 이미 어두워졌고 길도 잘 보이지 않았습니다. 지금처럼 내비게이션도 스마트폰도 없었습니다. 그런데 제가 길을 잃은 곳이 할렘가였습니다. 보이는 모든 사람들이 무서웠고 두려웠습니다. 한밤 중에 낯선 나라의 낯선 곳에서 길을 잃어버렸던 그때의 기억은 지금 생각해도 무척이나 두렵습니다. 우리가 인생의 길을 걸어갈 때도 길을 잃은 듯한 이런 어둠의 시간이 있습니다. 광야 사막의 길을 헤매는 듯한 상황 말입니다.

광야에서 헤어나올 유일한 길

광야 사막의 길에서 진정한 인생의 길로 헤어나올 수 있는 방법은 단 하나입니다. 하나님께로 돌아오는 것입니다. 그 방법밖에 없습니다. 시인은 "이에 그들이 근심 중에 여호와께 부르짖으매"(시 107:6)라고 말합니다. 여기서 '부르짖다'(cried out)로 번역된 단어 '차아크'(צָעַק)는 서사적 과거형으로 쓰여 이 행위가 과거의 계속된 행위였음을 보여줍니다. 광야에서 방황하는 자들이 안전하게 거주할 성읍을 찾지 못하고 구원에 대한 소망도 갖지 못한 상황에서 하나님께 지속적으로 부르짖었다는 것입니다.

또한, 일반적으로 이 단어는 '도움을 구하는 외침'(a cry for help)을 의미합니다. 출애굽기 17장에서 모세가 백성들의 분노를 사서 돌에 맞아죽을 뻔한 상황에 처하는 장면이 나옵니다. 그 위기에서 모세가 하나님께 부르짖었다는 표현에도 바로 이 '차아크'가 사용되었습니다.

모세가 하나님께 '부르짖어' 이르되(출 17:4).

또한 하나님께서는 출애굽기 22장에서 이방 나그네, 과부, 고아의 '부르짖음'을 반드시 듣겠다고 하셨는데 이때 사용된 단어도 '차아크'입니다.

그들이 내게 '부르짖으면' 내가 반드시 그 '부르짖음'을 들으리라(출 22:23).

그러므로 바른 길로 돌아오는 방법은 오직 기도, 즉 유일하게 도우실 수 있는 하나님께 부르짖는 것입니다.

시인은 107편 13, 19, 28절에서도 계속해서 부르짖으라고 강조합니다. 기도란 자신의 능력 없음을 인정하고 하나님께 도움을 구하는 것입니다. 또한 자신이 마땅히 하나님을 경배하고 섬겨야 할 피조물임을 인정하는 행위입니다. 자신이 지금 잘못된 길에 잘못 들어섰음을 인정하는 고백 역시 기도입니다. 결국 기도란 자신이 죄인임을 깨닫고 오직 여호와 하나님만이 우리를 바른 길로 인도해 주실 수 있음을 확신하는 것입니다. 하나님께서는 그렇게 기도하는 자를 구원해 주시고 바른 길로 인도해 주십니다.

히즈월의 찬양 가운데 "광야를 지나며"라는 곡이 있습니다. 이 찬양의 가사처럼, 광야는 우리의 자아가 산산이 깨지는 곳, 높아지려 했던 헛된 꿈을 주님 앞에 모두 내려놓는 곳입니다. 광야는 하나님 앞에 무릎을 꿇는 곳입니다. 주님의 손을 놓고는 단 하루도 살 수 없는 곳이라고 고백하는 장소입니다. 우리의 경험과 지혜로 무엇인가를 할 수 있다고 믿게 만드는 모든 것을 다 내려놓고 주님만을 의지하는 곳입니다.

벤자민 워필드(Benjamin B. Warfield) 박사는 〈칼뱅주의란 무엇인가〉(What is Calvinism?)라는 소논문에서 이렇게 말합니다.

이 모든 사실에서 칼뱅주의를 구성하는 원리가 우리에게 나타나 있습니다. 칼뱅주의자는 모든 현상의 배후에서 하나님을 발견하며, 발생하는 모든 현상 속에서 하나님의 뜻에 의하여 역사하는 그분의 손을 인식하며, 기도하는 태도로 자기 전 생애를 살아가며, 구원의 문제에서 자아 의존은 배제하고 하나님의 은혜만을 전적으로 의지하는 사람입니다.

이렇게 자아 의존을 배제하고 은혜 아니면 살아갈 수 없음을 고백하는 것이야말로 칼뱅주의 또는 개혁주의 신앙의 핵심입니다. 몹시 어두운 인생의 어느 밤, 어디서 와서 어디로 가는지 모르고 있음을 느낀다면 하나님께 부르짖어야 합니다. 하나님께 진심으로 부르짖으며 기도합시다. 우리는 언제나 광야 같은 사막 길에서 방황하는 존재임을 잊지 맙시다.

회개의 복음, 예수 그리스도의 길

이에 그들이 근심 중에 여호와께 부르짖으매

그들의 고통에서 건지시고 또 바른 길로 인도하사

거주할 성읍에 이르게 하셨도다(시 107:6-7).

이 구절은 구원을 행하시는 하나님의 역사를 보여줍니다. 누구든지 전심으로 여호와 하나님께 부르짖으면, 하나님은 그를 구원하시고 '바른 길'로 인도하신다는 것입니다. 이 부르짖음이 바로 회개입니다. 그리고 이것이 복음입니다. 누구든지 자기 죄를 뉘우치고 하나님께로 돌아와 부르짖으면, 하나님은 그를 의의 길, 바른 길, 생명의 길로 인도하십니다. 시인이 말하는 이 바른 길은 궁극적으로 주 예수 그리스도께로 나아가는 길입니다. 구약과 신약 성경이 우리에게 제시하는 길은 오직 하나이며, 그 길은 바로 예수 그리스도께로 향합니다. 그러므로 단 하나의 바른 길로 나아간다는 것은 주 예수 그리스도를 믿고 영접하는 것을 의미합니다. 주 예수 그리스도께로 나아가는 길이 아니고서는 우리 인생 가운데 그 어떤 것도 바른 길이 될 수 없음을 명심해야 합니다.

요한이 전한 복음서에서 예수님은 이렇게 선언하셨습니다.

너희가 성경에서 영생을 얻는 줄 생각하고 성경을 연구하거니와 이 성경이 곧 내게 대하여 증언하는 것이니라. 그러나 너희가 영생을 얻기 위하여 내게 오기를 원하지 아니하는도다(요 5:39-40).

내가 곧 길이요 진리요 생명이니 나로 말미암지 않고는 아버지

께로 올 자가 없느니라(요 14:6).

이 구절들을 시편 107편 4절 말씀과 비교해 보십시오.

그들이 광야 사막 길에서 방황하며
거주할 성읍을 찾지 못하고(시 107:4).

죄인들의 인생은 그저 방황으로 이끄는 광야 사막 길이지만, 복음을 듣고 회개와 믿음으로 예수 그리스도께 나아오는 이들에게는 영생과 진리의 길이 보장되어 있다는 의미입니다. 이와 마찬가지의 논리로 누가는 사도행전에서 이렇게 단언하고 있습니다.

다른 이로써는 구원을 받을 수 없나니 천하 사람 중에 구원을 받을 만한 다른 이름을 우리에게 주신 일이 없음이라 하였더라(행 4:12).

회개와 믿음을 통해 예수 그리스도께 나아가는 길이 아니고서는 인간이 진정으로 행복해지는 다른 길은 존재하지 않습니다. 앞서 허영의 시장에서 언급했지만, 세상에는 인간을 진정으로 행복하게 만들거나 영원히 만족하게 해주는 것은 하나도 없습니다. 그래서 아우구스티누스는 "인간이 하나님 안에서 참되게 안식하기 전까지 인간에게 진정한 안식은 없습니다"라고 고백한 것입니다. 이것은 지금도 온 인류가 경험하고 있는 진리입니다.

자신이 죄인임을 깨닫고 그 죄를 회개하며 길이요 진리요 생명 되신 주 예수 그리스도를 영접하고 그분을 위해 살아갈 때, 그리고 우리의 거주할 성읍이 되시는 주님께 의지하고 기도할 때, 주님께서 우리에게 진정한 행복과 영원한 만족과 평안을 주실 것입니다. 마태복음에는 우리를 향한 주님의 약속이 담겨 있습니다.

수고하고 무거운 짐 진 자들아 다 내게로 오라 내가 너희를 쉬게 하리라(마 11:28).

인생 자체가 수고로운 일이며 무거운 짐을 지는 일입니다. 모세는 인생의 연수가 칠십이요 강건하면 팔십이라도 그 연수의 자랑은 수고와 슬픔뿐이라고 외쳤습니다(시 90:10). 솔로몬 왕은 전도서에서 인생의 수고와 헛됨을 이렇게 묘사합니다.

모든 만물이 피곤하다는 것을 사람이 말로 다 말할 수는 없나
니 눈은 보아도 족함이 없고 귀는 들어도 가득 차지 아니하도
다. 이미 있던 것이 후에 다시 있겠고 이미 한 일을 후에 다시 할
지라. 해 아래에는 새 것이 없나니 무엇을 가리켜 이르기를 보
라 이것이 새 것이라 할 것이 있으랴. 우리가 있기 오래 전 세대
들에도 이미 있었느니라(전 1:8-10).

죄로 인해 결핍된 인생의 눈은 아무리 아름다운 것을 보아
도 족함이 없고 귀는 아무리 좋은 말을 들어도 채워지지 않습
니다. 이것이 우리의 현실입니다.

참된 만족

그가 사모하는 영혼에게 만족을 주시며

주린 영혼에게 좋은 것으로 채워주심이로다(시 107:9).

여기서 "만족을 주시며"로 번역된 히브리어 단어는 '사바'(שָׂבַע)
입니다. 이 말은 '만족하다, 포식하다, 실컷 먹어 물리다'는 뜻
을 담고 있습니다. 이에 따르면 '사바'는 단순히 무엇인가 부족
했던 부분이 하나님의 은혜로 차고 넘치도록 충분하게 채워졌

음을 보여줍니다. 또한 "채워주심이로다"로 번역된 '말레'(מָלֵא)
역시 배고픈 사람이 가장 좋은 음식을 마음껏 먹어 배가 부르
게 된다는 뜻을 지니고 있습니다. 참으로 그렇습니다. 오직 예
수 그리스도만이 우리를 온전히 만족케 하시고 우리 영혼을
가장 좋은 것으로 가득 채워주십니다. 그분이 우리를 창조하
셨고 그분만이 우리 생명과 존재의 근원이 되시기 때문입니다.
따라서 예수님을 떠나서는 절대로 인생의 만족이 없으며 영원
한 소망도 존재하지 않습니다.

우리의 인생은 짧고 허무합니다. 우리의 인생은 광야에 피
워놓은 모닥불과도 같아서, 한때는 뜨겁게 타올랐으나 이제는
꺼져가고 있습니다. 모아놓은 장작은 점점 줄어들고 있고, 사
방은 어둠이 점점 짙게 깔리고 있습니다. 꺼져가는 우리 인생
을 되살릴 능력은 우리 자신에게는 결단코 없습니다. 그러므
로 그리스도가 없는 인생은 처절할 만큼 불쌍하며, 그 끝은 절
망적일 수밖에 없습니다. 그러나 길이요 진리요 생명 되신 그
리스도를 믿으며, 그분을 영접하고 그분을 위해 살며 그분 안
에 거하는 인생은 시편 기자가 노래하는 대로 완전한 만족을
얻으며 풍성한 채움을 누리게 될 것입니다.

신학자 조셉 헨리 데이어(Joseph Henry Thayer)는 『신약성서
헬라어-영어 사전』(A Greek-English Lexicon of the New Testament)

에서 만족의 개념을 "어떤 도움이나 후원이 필요 없는, 인생의 완전한 상태"로 설명합니다. 그리스도 안에 있는 자가 바로 이러한 상태를 경험하게 됩니다. 왜냐하면 예수 그리스도께서 친히 자기 몸을 버리시고 피를 흘리심으로 하나님과 우리 사이를 화목하게 하셨기 때문입니다. 예수님은 우리를 만족케 하시고 구원하시기 위해 자신의 생명을 기꺼이 내어놓으셨습니다. 하나님의 아들이신 예수 그리스도께서 이 세상에 오셔서 우리의 모든 죄를 짊어지시고, 십자가에서 한 손으로는 거룩하신 성부 하나님의 손을 붙잡고 다른 한 손으로는 죄인 된 자기 백성의 손을 붙드신 채 심장이 파열되기까지 고통을 당하셨습니다. 거기서 우리의 모든 죄와 무능과 공허함을 씻어주시는 보배로운 피를 흘려주셨습니다.

오늘 우리는 어떤 길을 걷고 있습니까? 어디서 와서 어디로 가는지도 모른 채 길 잃은 나그네처럼 방황하고 있지는 않습니까? 어제도 오늘도 여전히 광야 사막 길에서 헤매고 있지는 않습니까?

한때는 어디로 가든 상관없다며 혈기 있게 즐기던 삶이 서서히 저물어 가고 있지 않습니까? 더 이상 아무런 낙이 없다고 할 때가 점점 가까워지고 있지 않습니까? 그래서 두렵지 않나요? 그렇다면 바로 지금이 부르짖을 때입니다. 바로 지금이

기도할 때입니다. 여호와께서는 근심 중에 당신께 부르짖는 자를 반드시 구원하십니다. 아직 젊다고, 아직 시간이 있다고 안심하지 마십시오. 시간은 쏜살같이 지나가며, 청춘은 생각보다 훨씬 빨리 시들어 버립니다. 그러니 시간을 낭비하지 마십시오. 지금 당장 하나님을 찾고, 하나님께 기도하십시오.

혹시라도 지상의 불완전한 교회 때문에 길을 잃었습니까? 내 옆의 누군가로 인해 상처받고 방향을 잃었습니까? 그리스도께 나아오십시오. 사람을 바라보지 말고 그리스도께 간구하십시오. 그분께 살려달라고 부르짖으십시오. 구원해 달라고 간청하십시오. 그리스도께서 구원하실 것입니다. 바로 이것이 여호와 하나님께서 광야 사막 길을 헤매던 백성에게 행하신 기이하고도 놀라운 일입니다. 이 일을 인하여 늘 여호와 하나님을 찬송합시다.

여호와의 인자하심과 인생에게 행하신 기적으로 말미암아 그를 찬송할지로다(시 107:8).

10 사람이 흑암과 사망의 그늘에 앉으며 곤고와 쇠사슬에 매임은 11 하나님의 말씀을 거역하며 지존자의 뜻을 멸시함이라 12 그러므로 그가 고통을 주어 그들의 마음을 겸손하게 하셨으니 그들이 엎드러져도 돕는 자가 없었도다 13 이에 그들이 그 환난 중에 여호와께 부르짖으매 그들의 고통에서 구원하시되 14 흑암과 사망의 그늘에서 인도하여 내시고 그들의 얽어 맨 줄을 끊으셨도다 15 여호와의 인자하심과 인생에게 행하신 기적으로 말미암아 그를 찬송할지로다 16 그가 놋문을 깨뜨리시며 쇠빗장을 꺾으셨음이로다

2. 두 번째 난제, 흑암과 사망의 그늘

벌써 오래전의 일입니다. 1990년대 중반, 영국에서 유학하던 시절에 영국 친구들과 함께 런던 시내 웨스트민스터 브리지 근처에 있는 런던 탑(Tower of London)과 런던 던전(London Dungeon)을 방문한 적이 있습니다. 런던 던전은 중세의 감옥을 재현해 놓은 지하 감옥 또는 토굴 감옥으로, 1976년에 일반에 공개된 곳입니다.

그곳에는 중세에 사용되던 각종 고문 시설과 도구들, 죄수들이 고문과 처형을 당하는 장면, 목과 발이 쇠사슬에 묶인 사람들의 모습, 피를 흘리며 신음하는 죄수들의 모형 등 인간의 잔혹함을 적나라하게 보여주는 장면들이 전시되어 있습니다.

또한 1665년 런던에 흑사병이 창궐했을 당시, 병에 걸려 죽어 가던 사람들의 모습과 그 음산한 분위기를 재현한 공간도 마련되어 있습니다. 이곳은 한 번 갇히면 결코 빠져나올 수 없는 감옥으로 유명합니다. 실제로 제가 방문했던 그날의 지하 감옥은 습기와 어둠으로 가득 차 있었고, 음산한 기운이 감돌았습니다. 역사적으로도 이곳에서 수많은 죄수들이 고문을 당하며 고통 가운데 갇혀 있었던 장소입니다.

시편 107편의 시인은 바로 이러한 지하 토굴 감옥의 이미지를 사용하여 우리 인간이 처한 현실을 묘사하고 있습니다. 지난 장에서 우리는 인간이 광야 사막 길을 헤매며 방황할 뿐 아니라, 안전하게 거주할 성읍을 찾고자 했으나 끝내 실패했다는 사실을 살펴보았습니다. 우리는 하나님 없는 구원을 세상 속에서 끊임없이 추구하고 갈망하지만, 결과는 헛될 뿐 여전히 주리고 목마르며 지친 인생을 살아갑니다. 오늘 시인은 우리에게 인류가 직면한 두 번째 난제를 또 하나의 생생한 그림으로 보여줍니다. 그것은 바로 **흑암과 사망의 그늘에 갇힌 죄인들의 모습**입니다. 그렇다면 시인이 말하는 흑암과 사망의 그늘은 무엇을 의미할까요?

흑암과 사망이라는 감옥

사람이 흑암과 사망의 그늘에 앉으며

곤고와 쇠사슬에 매임은(시 107:10).

여기서 흑암은 단순한 어둠이 아니라 빛이 완전히 사라진 암흑을 의미하며, 사망의 그늘은 죽음이 짙게 드리운 칠흑 같은 어둠을 가리킵니다. 이 두 표현의 공통점은 분명합니다. 그곳에는 빛이 전혀 없다는 것입니다. 시인은 지금 인간이 한 줄기 빛도 없는 철저한 어둠 속에 갇혀 있다고 말하고 있습니다.

지난 장에서 우리는 광야 사막 길에서 이리저리 헤매는 인간의 모습에 대해 생각해 봤습니다. 그곳은 너무 광활하고 막막하여 안전한 성읍으로 인도할 바른 길을 찾을 수 없다는 것이 문제였습니다. 그런데 이제 시인은 우리의 시선을 정반대의 공간으로 이끕니다. 광야처럼 넓은 공간이 아니라, 감옥처럼 아주 비좁고 밀폐된 공간입니다. 이곳은 마치 지하 토굴 감옥과도 같습니다. 사람들은 무겁고 굵은 쇠사슬에 묶여 있고, 발목에는 차꼬가 채워져 있어 한 발짝도 움직일 수 없습니다. 전혀 옴짝달싹할 수 없는 상태입니다.

이러한 처지에 놓인 사람은 극도의 절망과 슬픔, 고통과 두려움에 사로잡힐 수밖에 없습니다. 바로 이것이 시편 기자가 말하는 인간이 직면한 두 번째 난제입니다. 인간은 빛이 전혀 없는 흑암에 주저앉아 있으며, 그곳은 사망의 그늘, 다시 말해 죽음의 그림자가 드리운 자리입니다. 이 감옥은 단순히 갇혀 있는 장소가 아닙니다. 인간은 그곳에서 쇠사슬에 묶인 채 고통을 당하며 곤고함 가운데 있습니다. 시인은 이 감옥을 놋문과 쇠빗장으로 굳게 잠긴 곳으로 묘사하며, 인간 스스로는 도무지 빠져나올 수 없음을 강조합니다(시 107:16). 도무지 이 감옥에서 탈출할 방법이 없습니다.

시인의 이러한 묘사는 우리에게 무엇을 가르치고 있습니까? 그것은 바로 스스로는 자신을 구원할 수 없는, 죄에 빠진 인류의 철저한 무능력과 무기력입니다. 이것을 신학적으로 인간의 '전적 타락' 또는 '전적 무능력'이라고 부릅니다. 전적 무능력이라는 말은 인간이 아무것도 하지 못하는 존재라는 뜻은 아닙니다. 인간은 여전히 교육을 받고, 예술을 추구하며, 철학을 논하고, 과학의 발전을 이룰 수 있습니다. 그러나 구원에 관한 한, 인간의 그 어떤 노력도, 성취도, 도덕적 행위도 아무런 기여를 하지 못합니다.

그럼에도 불구하고 사람들은 자유라는 이름으로 종종 스스로를 구원해 보겠다고 하나님 없는 길을 선택합니다. 광야 사막 길로 나아갑니다. 그러나 결국에는 흑암과 사망의 그늘이라는 감옥에 갇힙니다. 그곳에서 쇠사슬에 매여 곤고함을 겪으며, 더 이상 빠져나오지 못한 채 절망 속에 주저앉게 됩니다. 이것이 바로 시편 107편 10절이 보여주는 인간의 비참한 영적 현실입니다.

자유라는 착각

성경에는 이 잘못된 자유의 환상을 보여주는 대표적인 인물이 있습니다. 누가복음 15장에 등장하는 돌아온 탕자입니다. 어떤 사람에게 아들이 둘 있었는데, 그중 둘째 아들은 아버지의 집에 머무는 삶을 자유가 억압된 구속의 삶으로 여겼습니다. 그는 아버지 곁에 있는 것이 답답하고 속박처럼 느껴졌습니다. 아버지에게 자신의 몫의 유산을 요구했고, 그 모든 재물을 챙겨 집을 떠났습니다.

그러나 그가 선택한 삶은 자유가 아니라 허랑방탕이었습니다. 그는 재산을 낭비했고, 결국 가진 것을 모두 잃은 채 돼지 우리에서 살게 되었습니다. 배고픔에 지쳐 돼지가 먹는 쥐엄 열매로 허기를 달래려는, 말 그대로 비참한 인생으로 전락하고 말았습니다.

오늘날도 많은 사람들이 자신이 속박된 삶을 살고 있다고 말합니다. 자신을 얽매고 있는 어떤 것들로부터 벗어나는 것을 구원이라 생각합니다. "그것으로부터만 벗어날 수 있다면, 나는 진정한 자유를 얻을 수 있을 것이다"라는 이 환상, 바로 이것이 흑암과 사망의 감옥입니다. 지금은 부모가 교회에 가라고 하니 마지못해 따라가지만, 언젠가 집을 떠나 독립하는 날이 오면 모든 구속으로부터 자유로워질 수 있을 것이라고 상상하는 것, 이것이 바로 사탄의 오래된 유혹입니다.

그러나 이것은 진정한 자유를 주시는 하나님으로부터 등을 돌리게 만드는 사탄의 유혹에 속아 넘어간 무기력한 인간의 하소연일 뿐입니다. 사탄은 언제나 우리로 하여금 하나님에게서 등을 돌려 세상을 바라보게 만듭니다. 그곳에 참된 자유가 있는 것처럼 속삭입니다. 사탄이 아담과 하와를 유혹했던 지점이기도 합니다.

그 결과는 어떠했습니까? 아담과 하와는 자유를 얻은 것이 아니라, 오히려 죄의 속박과 죄책감과 두려움의 노예가 되어 버렸습니다. 흑암과 사망이라는 감옥에 갇히고 말았습니다. 죄를 범한 이후, 아담과 하와는 동산에서 부르시는 하나님의 음성을 듣고 두려워하여 나무 사이에 숨어버렸습니다. 아버지의 집을 떠난 둘째 아들 역시 돼지우리에서 굶주려 죽을 지경이 되었다고 말합니다. 시인은 바로 이러한 상태에 빠진 자들을 향해 '부르짖으라'고 외칩니다.

> 이에 그들이 근심 중에 여호와께 부르짖으매(시 107:13).

사망의 그늘에 깊이 빠져 더 이상 살 길이 보이지 않을 때, 인생이 선택할 수 있는 유일한 길은 환난 중에 하나님께 간절히 부르짖는 것뿐입니다. 하나님께서는 진심으로 회개하며 부르짖는 영혼을 외면하지 않으시고 반드시 구원하십니다. 그러므로 흑암과 사망의 그늘이라는 감옥에 빠졌을 때, 우리 자신에게는 아무런 소망이 없음을 깨닫고 속히 하나님께 부르짖는 지혜로운 성도가 되어야 할 것입니다.

흑암과 사망 가운데 앉게 된 이유

> 사람이 흑암과 사망의 그늘에 앉으며
>
> 곤고와 쇠사슬에 매임은
>
> 하나님의 말씀을 거역하며
>
> 지존자의 뜻을 멸시함이라(시 107:10-11).

이 구절처럼 죄에 대해 명쾌하게 설명하는 대목이 또 있을까요? 이 말씀을 통해 우리가 분명히 알 수 있는 사실은, '죄의 본질이 무엇인가' 하는 점입니다. 죄는 무엇보다도 하나님과 하나님의 뜻에 대한 거역입니다. 죄란 단순히 잘못된 행동 몇 가지를 의미하는 것이 아니라, 하나님과 하나님께서 원하시고 의도하시는 모든 것에 대한 근본적인 반항입니다.

반면에 인간은 죄를 도덕적 범죄, 즉 좋지 않은 것을 행하는 것으로 정의합니다. 예를 들면, 살인, 강간, 도적질, 사기, 욕설, 폭행 등을 죄라고 여기는 것입니다. 그리고 이것을 자신이 죄인이 아니라는 논리를 다지는 데 교묘하게 사용합니다. 나는 그런 것들을 하지 않으니 죄인이 아니라고 말이지요. 또한 나는 다른 사람보다 비교적 덜 나쁘니 죄인이 아니라고도 말합니다. 나는 주일에 예배를 드리고, 십일조도 하는 등 신자로서 종교적 의무를 다하기에 다른 사람보다 선하다는 것입니다. 나는 내 아들과 딸에게 자상한 아빠 노릇을 잘하고 있으니 또한 바르다는 것입니다.

물론 이런 일들이 중요하지 않다는 말은 아닙니다. 그러나 성경이 말하는 죄의 정의는 행동 이전에 관계에 있습니다. 죄는 하나님과 나 사이의 관계가 깨어진 상태를 가리킵니다. 죄의 본질은 하나님의 뜻을 거역하는 것입니다. 다시 말해, 하나님을 의식하지 않고 하나님의 뜻 대신 나의 의지, 나의 경험, 나의 지식에 따라 내 인생을 내 마음대로 살아가는 것이 바로 죄입니다.

본문에서 "거역하다"(rebel against)로 번역된 히브리어 단어 '마라'(מָרָה)는 '반역하다, 완고하다, 반항하다'는 의미이며, 특별히 본문에 사용된 용법에 따르면 인간이 하나님께 반항함으로 하나님의 진노를 불러일으킨다는 강한 의미를 담고 있습니다. 그러므로 우리가 살인이나 도적질을 하지 않았다고 해서, 겉으로는 도덕적으로 바르게 보인다고 해서 죄인이 아닌 것은 아닙니다. 하나님 없이, 하나님의 뜻과 무관하게 살아가고 있다면 우리는 명백한 죄인입니다. 마음의 중심을 보시는 하나님과의 관계가 바르지 않다면, 겉모습이 아무리 경건해 보여도 하나님 보시기에는 회칠한 무덤에 불과합니다.

죄는 곧 지존자의 뜻을 멸시하는 것입니다. 여기서 지존자의 뜻이란, 광야 사막 길에서 방황하는 자들을 위해 하나님께서 예비하신 바른 길, 곧 주 예수 그리스도의 길입니다. 흑암과 사망의 그늘에 앉아 있는 자들을 구원하시기 위해 하나님께서 친히 마련하신 길입니다. 그런데 인간은 이 지존자의 뜻을 무시하고 경멸합니다. 이것이 죄의 가장 깊은 뿌리입니다.

사람들은 그리스도와 그분의 십자가를 경멸합니다. 십자가의 메시지를 설교에서 제거하려 하고, 그것을 지나치게 광적이고 비이성적인 것으로 치부합니다. 아주 오래전, 명동 화신백화점 앞에서 신학생들이 거리 전도를 하던 때가 있었습니다. 신학생 한 명이 백화점 앞에서 복음설교를 합니다. 다른 신학생들은 지나가는 사람들에게 전도지를 건네주며 대화를 나눕니다. 그 당시엔 대부분의 사람들이 호의적이었지만, 어떤 이들에게 전도는 그저 광적으로 보일 뿐이었습니다. 너무 과격한 전도 행위에 대해서는 논란의 여지가 있지만, 멸시나 경멸은 타락한 죄인이 보이는 거의 유일한 반응입니다. 십자가가 그들에게는 경멸의 대상인 것입니다. 유대인이 그랬고, 헬라인이 그러했습니다. 그래서 그들이 예수 그리스도를 십자가에 못 박은 것입니다. 그러나 사도 바울은 이렇게 선언합니다.

> 십자가의 도가 멸망하는 자들에게는 미련한 것이요 구원을 받는 우리에게는 하나님의 능력이라(고전 1:18).

그리스도의 십자가는 지존자, 곧 지극히 높으신 분의 뜻(the counsel of Most High)입니다. 십자가는 광야 사막 길에서 헤매는 인간, 흑암과 사망의 깊은 감옥에 갇힌 인간을 구원하시려는 하나님의 길입니다. 십자가는 가장 높은 하늘에 좌정하신 분,

만왕의 왕이시며 만유의 주이신 분, 그의 지혜를 헤아릴 수 없는 분이 작정하신 계획입니다. 그에 비하면 우리는 티끌 같은 존재이자, 창조주이신 분의 피조물에 불과합니다. 그럼에도 불구하고 인간은 감히 하나님을 거역하고, 두려움 없이 지존자의 뜻을 멸시하고 있지 않습니까?

죄의 결과

하나님을 거역하고 그분의 뜻을 멸시한 죄의 필연적인 결과가 무엇입니까? 시인은 그 처참한 결과에 대해 이렇게 말합니다.

그러므로 그가 고통을 주어
그들의 마음을 겸손하게 하셨으니
그들이 엎드러져도 돕는 자가 없었도다(시 107:12).

죄는 처음에는 아름답게 보이고 매력적인 유혹으로 다가오지만, 그 끝은 언제나 수고와 고통뿐입니다. 죄는 우리를 허랑방탕하게 만들고 영혼을 황폐하게 하며, 결국 깊은 타락과 절망 속에 가두어 버립니다. 삶은 어려움의 연속이 되며, 벗어날 수 없는 고통과 수고로운 일들이 꼬리를 물고 이어집니다. 그 결과, 인간은 속절없이 엎드러지지만 그를 일으켜 세울 자가 아무도 없게 되는 것입니다.

오늘날 우리 사회와 교회에 끊임없이 발생하는 문제와 잡음, 비극적인 소식을 들어보십시오. 이 모든 현상은 지존자이신 하나님의 뜻을 멸시하고 자기 고집을 피운 인간의 어리석은 선택의 결과가 아닙니까? 하나님께서 세워주신 거룩한 법과 질서를 무시하고 인간 스스로의 법과 규칙을 만든 결과로, 우리는 자승자박(自繩自縛)의 고통을 겪고 있는 게 아닙니까?

이사야 선지자는 이스라엘이 저지른 하나님께 대한 반역을 묘사하며 그 죄의 파괴력을 경고했습니다.

이로 말미암아 불꽃이 그루터기를 삼킴같이, 마른 풀이 불 속에 떨어짐같이 그들의 뿌리가 썩겠고 꽃이 티끌처럼 날리리니 그들이 만군의 여호와의 율법을 버리며 이스라엘의 거룩하신 이의 말씀을 멸시하였음이라(사 5:24).

선악을 알게 하는 나무의 열매를 따먹은 아담과 하와, 아벨을 살해한 가인, 광야에서 불순종한 이스라엘 백성, 밧세바를 범하고 그녀의 남편 우리아를 살해한 다윗, 하나님의 뜻에 반하여 자기들 마음대로 왕을 세운 이스라엘 장로들(삼상 8:1-8).

그들 앞에 끊임없이 고통스러운 문제가 발생하지 않았습니까? 그들을 도울 자는 하나도 없었습니다.

그런데 인간이 고난을 당하는 이유 가운데 하나는, 하나님께서 그들의 마음을 낮추시기 위한 섭리가 있습니다. 즉, 그들의 강퍅한 마음을 부드럽게 하시기 위함입니다. 하나님께서는 자신을 떠난 자녀를 그냥 버려두지 않으십니다. 따라서 이런 경우는 신자에게 있어서 고난이 유익이 됩니다. 우리가 만나는 흑암과 사망의 그늘은 하나님을 대적한 결과이기도 하지만, 동시에 하나님께서 우리를 다시 부르시는 자리이기도 합니다. 그러므로 우리는 단지 죄의 결과로 나타난 고난과 하나님의 섭리 가운데 허락된 고난을 지혜롭게 분별해야 합니다.

우리를 죄로부터 구원할 유일한 분

흑암과 사망의 그늘에서 인도하여 내시고

그들의 얽어 맨 줄을 끊으셨도다(시 107:14).

앞서 살펴본 두 가지 사실을 기억해 봅시다. 첫째, 인간은 흑암과 사망의 그늘이라는 감옥에 앉아 있는데, 그 이유는 하나님을 거역하고 지존자의 뜻을 멸시했기 때문입니다. 둘째, 그런 인간이 할 수 있는 단 하나의 일은 하나님께 부르짖는 것입니다.

하나님께 부르짖은 후에는 하나님의 뜻을 받아들여야 합니다. 하나님께서 제시하신 복음의 메시지를 믿어야 합니다. 우리가 진심으로 하나님께 부르짖고 지존자의 뜻을 구할 때, 하나님께서는 우리를 그 고통에서 건지시고 우리를 옭아매던 줄을 끊어 주십니다.

본문에서 "끊으셨도다"(broke their bonds apart)로 번역된 히브리어 '나타크'(נָתַק)는, 사사기 16장에서 삼손이 자신을 묶고 있던 것들을 단번에 끊어버린 장면에서 사용된 단어입니다. 이 말은 "잡아 끊다", "강하게 잡아 뽑다"라는 뜻을 지닙니다. 하나님께서는 우리를 죄와 사망의 권세에서 부드럽게 풀어 놓는 정도가 아니라, 강권적으로 건져 내시는 분이십니다. 이것이 바로 복음입니다.

복음은 스스로를 도울 수 없는 죄인을 구원으로 인도합니다. 이것이 예수 그리스도께서 십자가에서 이루신 일이요, 지금도 성령께서 우리 안에서 행하시는 역사입니다. 주께서 우리를 결박하던 율법의 조항들로부터, 저주와 사망의 권세로부터 해방시키셨습니다. 사탄은 패배했고, 우리의 죄는 용서받았습니다. 쇠빗장은 산산조각 나고, 굳게 닫혀 있던 철문은 활짝

열렸습니다. 우리는 더 이상 끔찍한 감옥 안에 있지 않습니다. 하나님께서 우리를 그리스도의 나라로 옮기셨기 때문입니다.

그가 우리를 흑암의 권세에서 건져내사 그의 사랑의 아들의 나라로 옮기셨으니 그 아들 안에서 우리가 속량 곧 죄 사함을 얻었도다(골 1:13-14).

그렇기 때문에 이제 그리스도 예수 안에 있는 자에게는 결코 정죄함이 없습니다. 그리스도 예수 안에 있는 생명의 성령의 법이 죄와 사망의 법에서 우리를 해방시켜 주셨기 때문입니다(롬 8:1-2).

세례 요한의 아버지 사가랴는 시편 107편 10절 말씀을 인용하며 메시아의 오심을 예언했습니다.

어둠과 죽음의 그늘에 앉은 자에게 비치고 우리 발을 평강의 길로 인도하시리로다 하니라(눅 1:79).

마귀에게 시험을 받으신 후 나사렛에 오신 예수님께서도 회당에서 이사야 61장을 인용하시며 이렇게 선포하셨습니다.

주의 성령이 내게 임하셨으니 이는 가난한 자에게 복음을 전하
게 하시려고 내게 기름을 부으시고 나를 보내사 포로 된 자에
게 자유를, 눈 먼 자에게 다시 보게 함을 전파하며 눌린 자를
자유롭게 하고 주의 은혜의 해를 전파하게 하려 하심이라 하였
더라(눅 4:18-19).

그러므로 사탄이 우리의 귀에 속삭일 때 하나님께 부르짖
으십시오. 흑암과 사망의 그늘 아래 있다 할지라도 다시금 하
나님께 도움을 구하십시오. 그때가 바로 구원의 때입니다. 메
시아이신 주 예수 그리스도께서 우리를 인도하여 내시고 사망
의 줄을 끊으실 것입니다. 오직 이 길만이 절망에 빠진 인간을
구원하는 유일한 길입니다.

의심과 절망을 주의하자

크리스천의 순례 여정을 담은 『천로역정』의 한 장면이 이 구원
의 진리를 다시금 우리에게 교훈으로 새겨줍니다. 천성을 향해
가던 크리스천이 허영의 시장을 지나 동행자 소망(Hopeful)과
함께 좁고 험한 길을 걷다가, 순간의 부주의로 옆으로 난 큰 샛
길로 빠지게 되었습니다. 그 길은 의심의 성(Doubting Castle), 곧

절망의 거인(Giant Despair)이 사는 곳으로 가는 길이었습니다. 결국 크리스천과 소망은 절망의 거인에게 붙잡혀 거대한 의심의 토굴에 갇힌 채 꼼짝없이 죽을 처지가 되었습니다. 매일같이 절망이라는 거인에게 무자비하게 맞고 협박을 당하며 거의 죽을 지경에 이르렀습니다.

아무 방법이 없던 크리스천은 소망과 함께 기도하기 시작했습니다. 거의 날이 샐 때까지 기도를 계속하던 크리스천이 갑자기 반쯤 정신 나간 사람처럼 소리를 질렀습니다. 그는 품속에 그 지옥 같은 토굴을 나갈 수 있는 '약속'(Promise)이라는 열쇠를 이미 가지고 있었기 때문입니다.

자유롭게 나갈 수 있었음에도 의심의 성에 갇혀 있던 자신이 얼마나 한심했을까요? 이 '약속'이라는 열쇠는 의심의 성 안에 있는 어떤 자물쇠도 열 수 있는 막강한 능력이 있었습니다. 결국 그는 토굴의 문을 열고 의심의 성을 탈출하여 다시 천성으로 향하는 길로 돌아올 수 있었습니다. 그는 다른 순례자들이 똑같은 실수를 범하지 않도록 샛길로 빠지는 계단에 경고문을 새겨 두었습니다.

가던 길에서 벗어났다가 우리는 알게 되었네
금지된 땅에 발을 들이면 어떻게 되는지를

뒤에 오는 사람들이여 부디 조심하시오
함부로 행동하다가 우리처럼 되지 않도록
그의 땅에 발을 들여놓아 그의 토굴에 갇히지 않도록
그의 성은 의심 그의 이름은 절망

우리는 지금 어디에 있습니까? 인생의 광야 사막 길에 있습니까? 흑암과 사망의 그늘에 있습니까? 절망이라는 토굴에 갇혀 있습니까? 하나님 없는 죄의 길에서 떠나 오직 '바른 길'을 찾고 그 길로 행하는 성도 되시기를 기도합니다. 한번 그 길을 걸어갔으면 부주의하다가 샛길로 벗어나 금지된 땅에 발을 들이지 않기를 소망합니다. 혹시라도 죄의 길에 빠져 고통 중에 있다면 하나님께 부르짖으십시오. 하나님께서 반드시 구원하시고 그 고통에서 인도해 주실 것입니다. 시인은 또 다른 시편에서 이렇게 고백합니다.

내가 사망의 음침한 골짜기로 다닐지라도
해를 두려워하지 않을 것은 주께서 나와 함께 하심이라
주의 지팡이와 막대기가 나를 안위하시나이다(시 23:4).

어디에 있든지 주와 함께 있으면 우리는 부족할 것이 없습니다. 전능하신 여호와 하나님께서 우리의 목자이시기 때문입니다. 그러나 어디에 있든지 어떤 화려한 삶을 살든지 하나님을 떠나 있다면, 그곳이 바로 흑암과 사망의 그늘이 될 것입니다. 그 흑암과 사망의 그늘이라는 감옥에서 우리를 구원하실 분은 오직 주 예수 그리스도 한 분뿐이십니다. 우리를 살리시기 위해 사람의 몸을 입고 오신 주 예수 그리스도를 영원히 우리의 구주로 섬기며 살아갑시다.

17 미련한 자들은 그들의 죄악의 길을 따르고 그들의 악을 범하기 때문에 고난을 받아 18 그들은 그들의 모든 음식물을 싫어하게 되어 사망의 문에 이르렀도다 19 이에 그들이 그들의 고통 때문에 여호와께 부르짖으매 그가 그들의 고통에서 그들을 구원하시되 20 그가 그의 말씀을 보내어 그들을 고치시고 위험한 지경에서 건지시는도다 21 여호와의 인자하심과 인생에게 행하신 기적으로 말미암아 그를 찬송할지로다 22 감사제를 드리며 노래하여 그가 행하신 일을 선포할지로다

3. 세 번째 난제, 질병과 죽음

20세기 최고의 강해 설교자 가운데 한 분인 마틴 로이드 존스 (David Martyn Lloyd-Jones) 목사는 사도행전을 설교하면서 다음과 같이 말한 바 있습니다.

여기 이 모든 것 외에 우리는 결코 '잘 죽을 수 없는' 우리의 무능력을 경험합니다. 영광스럽고 장엄하며 훌륭한 죽음이 있다는 사실을 알고 있음에도 불구하고, 우리는 그것을 성취할 수 없습니다. 죽음은 정말이지 그리스도를 믿지 않는 자들에게 무시무시한 공포입니다. 모든 사람에게 죽음은 혐오스럽고 지긋지긋하며 생각하기조차 싫은 대상입니다. 죽음을 직면하는 마지막 순간이 되면 사람들은 어찌할 바를 모르고 절망하며 마비 상태에 이릅니다. 그들은 결코 사도 바울처럼 '내게 사는 것이 그리스도니 죽는 것도 유익함이라'고 말할 수 없습니다.

지금까지 우리는 광야 사막 길에서 방황하는 인간, 흑암과 사망의 그늘에 갇힌 인간의 모습을 살펴보았습니다. 이것은 인간이 스스로 해결할 수 없는 난제라고 했습니다. 인간은 구원을 찾아서 길을 나서지만, 결국 광야 사막 길에서 주리고 목마른 채 방황하는 존재입니다. 또한 어둡고 비좁은 지하 감옥에 갇혀 옴짝달싹 못하는 가련한 존재입니다.

시인은 시편 107편을 통해 인간이 직면해야 하는 또 하나의 끔찍한 난제를 보여줍니다. 바로 **질병에 걸려 죽음의 문턱에 다다른 인간의 모습**입니다.

죽음의 문턱에 이르는 끔찍한 질병

미련한 자들은 그들의 죄악의 길을 따르고

그들의 악을 범하기 때문에 고난을 받아

그들은 그들의 모든 음식물을 싫어하게 되어

사망의 문에 이르렀도다(시 107:17-18).

18절에서 시인은 심각한 질병에 걸려 침상에 누워 있는 인간의 모습을 보여줍니다. 그리고 17절에서 그 질병의 근원을 죄와 연결합니다. 인간은 병들었고, 깊은 고통 가운데 있습니다. 몹시 절망하고 있으며 그래서 비참하고 불행합니다. 화려한 옷을 입어 겉으로는 멋지고 강해 보이지만 실상은 죽음에 이르는 질병에 걸린 존재입니다. 엄청난 과업을 성취한 위대한 인물이라 할지라도 그 질병을 피하지는 못합니다.

물론 성경은 모든 질병이 개인의 죄 때문이라고 말하지 않습니다. 욥의 고난도, 날 때부터 맹인이었던 사람의 경우도(요 9장) 하나님이 하시고자 하는 일을 나타내시기 위함이었기 때문입니다. 그럼에도 성경은 분명히 말합니다. 모든 인간은 결국 죽음에 이르는 질병에 걸린 존재라는 사실입니다.

시인은 우리 모두가 걸린 이 질병의 위중함에 대해 묘사합니다.

그들은 그들의 모든 음식물을 싫어하게 되어(시 107:18).

먼저는 음식물을 싫어하게 됩니다. 식욕을 완전히 상실했습니다. 몸은 점점 쇠약해지고 얼굴은 창백해집니다. 더 나아가 삶의 모든 기쁨과 즐거움과 흥미조차 사라졌습니다. 인간에게 가장 중요한 즐거움 중 하나가 먹는 즐거움인데, 산해진미조차 역겨운 것이 되고 말았습니다.

우리 대부분은 이런 경험이 한두 번쯤 있었을 것입니다. 심각하게 아픈 동안에는 만사가 귀찮고 먹기조차 힘겨운 법입니다. 허리를 삐끗해서 눕지도 앉지도 못하는 사람이라면 식음을 전폐할 정도로 모든 의욕이 사라집니다. 이는 육체의 고통이 마음의 쇠약으로까지 이어지고 있음을 보여줍니다. 소망도 보이지 않습니다. 하루하루 살아가는 게 절망스러울 뿐입니다. 그 결과 우리의 몸과 마음은 점점 죽음에 이르게 됩니다.

인간, 죽음에 이르는 질병에 걸린 존재

인간은 죽음에 이르는 질병에 걸린 존재입니다. 시인은 이 사실을 분명하게 선언합니다.

> 그들은 그들의 모든 음식물을 싫어하게 되어
> 사망의 문에 이르렀도다(시 107:18).

여기서 "사망의 문"(the gates of death)이란 죽음으로 들어가는 입구, 곧 무덤을 가리킵니다. 종교개혁자 칼뱅에 따르면, 이 구절은 죽을 수밖에 없는 운명 앞에서 모든 살 소망을 포기해 버린 자들의 곤란한 상태를 지적하고 있습니다. 우리는 마치 하루하루 죽을 날을 받아놓은 사람처럼 넋을 놓고 살아갑니다. 살아 있지만 사는 것이 아니며, 살아가지만 사는 것이 무의미합니다. 이렇게 살 바엔 차라리 죽는 것이 낫겠다고 여길 만큼, 인간의 상태는 참으로 비참합니다.

저의 어머니는 지금부터 약 20여 년 전에 암 선고를 받으시고, 반년 남짓 투병하시다가 하나님의 품에 안기셨습니다. 사람이 암에 걸리면 매일매일 신체적으로 살아 있는 것 자체가 고통입니다. 사는 것보다 죽는 것이 차라리 낫다고 여길 정도입니다. 저의 어머니 역시 병상에서 극심한 고통을 겪으셨고 그 중에서도 음식을 드시는 일을 가장 힘들어하셨습니다. 밤새 고통에 시달리며 내뱉으시던 어머니의 신음 소리를 들으며 눈물로 밤을 지새웠던 날들이 아직도 생생합니다.

그러나 사람이 반드시 암과 같은 중병에 걸려야만 이런 상태에 이르는 것은 아닙니다. 나이가 들어 늙어 가면, 그저 먹는 일조차 버겁고 거북해집니다. 혹은 질병이 아니더라도, 삶 속에서 큰 괴로움이 닥치거나 사건과 사고에 휘말리면 아무것도 먹고 싶지 않을 때가 있습니다. 먹어도 맛을 알지 못하고, 먹고 싶은 의욕조차 사라집니다. 결국 모든 의욕이 말라버립니다.

욥은 이러한 상태를 경험해 본 당사자입니다.

> 이러므로 내 마음이 뼈를 깎는 고통을 겪느니
> 차라리 숨이 막히는 것과 죽는 것을 택하리이다.
> 내가 생명을 싫어하고 영원히 살기를 원하지 아니하오니
> 나를 놓으소서 내 날은 헛것이니이다(욥 7:15-16).

지금 시인이 107편 17-18절에서 묘사하는 인간의 모습은 성경 전체가 일관되게 증언하는 우리의 실상입니다. 인간이라는 존재는 죽음에 이르는 질병에 걸린 죄인일 뿐입니다. 이사야 선지자는 이스라엘 백성들을 가리켜 "발바닥에서 머리까지 성한 곳이 하나도 없는" 존재라고 묘사합니다(사 1:6). 타락한 인류의 상태를 이보다 더 적나라하게 드러내는 표현은 없을 것입니다.

모든 인류는 하나님께 불순종하여 범죄한 결과, 연약함 가운데 태어났습니다. 인간은 부족하고 결핍되어 있으며, 근본적으로 무능한 존재입니다. 사도 바울은 우리가 아직 연약할 때, 곧 아무 힘도 없을 때에 그리스도께서 경건하지 않은 자를 위하여 죽으셨다고 말합니다(롬 5:6). 여기서 "연약할 때"라는 말의 원어적 의미는 바로 '힘이 없을 때'(powerless)입니다(살

전 5:14).

그러므로 아무리 화려하고 강해 보이는 인간이라 할지라도, 실상은 모두 죄라는 질병에 걸린 힘없는 존재입니다. 인류 역사상 질병 없는 인간은 단 한 사람도 없었고, 죽지 않는 인간 역시 존재하지 않았습니다. 죽음을 피하기 위해 수많은 방법을 모색해 왔지만, 성공한 사람은 아무도 없었습니다. 모든 사람은 죽었고, 지금도 죽어가고 있으며, 앞으로도 죽게 될 것입니다. 이 모든 현실은 우리의 연약함을 낳은 죄의 결과입니다.

인간이 이러한 죄에서 구원받기 위한 첫 번째 단계는 무엇입니까? 그것은 바로 자신이 이 끔찍한 질병에 걸린 존재라는 사실을 인식하고 인정하는 것입니다. 바울의 선언처럼 "의인은 없나니 하나도 없습니다"(롬 3:10). 자신이 치명적인 질병에 걸려 있다는 사실을 깨닫지 못하는 사람은, 결코 살 길을 찾으려 하지 않을 것입니다. 그러므로 우리는 이 사실을 하나님 앞에서 겸손히 인정해야 합니다.

이 끔찍한 질병의 원인

미련한 자들은 그들의 죄악의 길을 따르고
그들의 악을 범하기 때문에 고난을 받아(시 107:17).

여기서 "미련한 자들"(fools)이라는 표현은 단순히 지적 능력이 부족한 사람을 가리키지 않습니다. 하나님을 거역하기로 작정하고, 그 결과로 죽음이라는 질병을 앓는 인간을 가리키는 성경적 표현입니다. 다른 시편도 "어리석은 자는 그의 마음에 이르기를 하나님이 없다 하는도다"(시 14:1)라고 선언하며, 사도 바울 역시 "스스로 지혜 있다 하나 어리석게 되어"(롬 1:22) 죄에 빠진 인간의 모습을 지적합니다. 성경은 일관되게 하나님을 대적하는 자를 어리석은 자라고 부릅니다.

그런데도 여전히 인간이 죽음이라는 이 질병을 대하는 방식은 애처롭습니다. 과학자들은 질병과 죽음을 인간 존재 안에 처음부터 내재된 자연현상으로 설명합니다. 철학자들은 죽음을 그저 삶의 자연스러운 한 과정, 피할 수 없는 법칙이라고 말합니다. 그러나 성경은 분명히 선언합니다. 질병과 죽음은 인간이 하나님을 대적한 결과라는 것입니다. 시편 107편은 인간이 질병에 걸리고 결국 죽음에 이르게 되는 이유를 분명히 밝힙니다. 첫째는 인간이 스스로 하나님께 반역했기 때문이며, 둘째는 적극적이고 의도적으로 악을 범했기 때문입니다(시 107:11, 17-18).

그렇다면 하나님을 대적하는 죄란 과연 무엇입니까? 앞서 우리는 죄란 가장 높이 계신 지존자를 거역하며, 그 지존자의 뜻을 멸시하는 것이라고 했습니다. 시편 107편은 이 죄를 두 가지 측면에서 설명합니다.

첫째는 죄악의 길을 따르는 것입니다. "미련한 자들은 그들의 죄악의 길을 따르고"라는 17절 말씀에서, 죄악의 길을 따른다는 것은 곧 반역의 길을 추구한다는 뜻입니다. 이는 하나님께서 우리에게 지시하시고 허락하신 길과 법칙을 떠나, 그것을 가볍게 여기고 멸시하며 위반하는 것을 의미합니다. 다시 말해, 우리를 위해 주신 하나님의 법도와 규례를 거스르는 삶입니다.

사람이 신체적으로 건강하게 살아가기 위해서도 반드시 지켜야 할 규칙들이 있습니다. 적절한 음식 섭취, 알맞은 운동, 충분한 수면이 그것입니다. 나쁜 식습관과 무너진 생활 리듬은 건강을 해치고 질병을 불러오며, 심하면 생명까지 위협합니다. 그러나 어떤 사람들은 병이 날 때까지, 심지어 죽음에 이를 때까지 그 잘못된 습관을 고치지 않습니다. 하루 종일 일한 뒤 스트레스를 푼다며 2차, 3차에 거쳐 밤새 술을 마시는 이들도 있습니다. 그런 삶을 반복한다면, 그 몸은 결국 고장이 날 수밖에 없고 질병에 걸리게 될 것입니다. 담배가 해롭다는 사실을 알면서도 "너무 좋아서 끊을 수 없다"고 말하는 사람들도 있습니다.

심지어 과도한 휴식조차 문제를 일으킵니다. 우리는 때때로 "충분히 잤는데도 왜 이렇게 피곤하지?"라고 느낍니다. 절제 없이 너무 자서 오히려 더 피곤해진 인간의 상태를 스스로 고백하는 것입니다. 어떤 의사들은 지나친 수면이 혼수상태를 유발할 수 있다고 경고하기도 합니다.

이 사실이 우리에게 무엇을 가르쳐 줍니까? 무엇이 해롭고 나쁘다는 사실을 아는 것만으로는 결코 돌이킬 수 없다는 것입니다. 우리는 술을 사랑하고, 담배를 사랑하며, 과도한 휴식을 사랑합니다. 그 잘못된 사랑으로부터 벗어나기 위해서는 전혀 다른, 더 크고 바른 사랑을 찾아야 합니다. 하나님을 향한 사랑에 깊이 잠길 때, 우리는 과거의 정욕적이고 잘못된 사랑으로부터 떠날 수 있습니다. 하나님을 진정으로 사랑하기에 적극적으로는 하나님이 기뻐하시는 일을 행하게 되고, 소극적으로라도 하나님이 싫어하시는 일을 멈추게 됩니다. 이것이 바로 하나님의 법도와 규례를 지키며 살아가는 삶입니다.

영적으로도 건강하게 살기 위해 반드시 지켜야 할 법도가 있는데, 바로 하나님의 뜻입니다. 하나님의 뜻을 따르지 않고 죄악의 길을 걷는다는 것은 하나님께서 지시하시고 명령하신 뜻을 어기는 것을 의미합니다. 하나님께서 우리를 위해 정해 두신 규범을 무시한 채, 마음대로 살아간다면 결국 우리는 질병에 걸리고 불행을 겪으며 사망에 이르게 될 것입니다.

둘째로 시인이 지적하는 죄의 또다른 측면은 악을 능동적으로 범하는 것입니다. 시인은 "미련한 자들은 그들의 죄악의 길을 따르고 그들의 악을 범하기 때문에 고난을 받아"(시 107:17)라고 말합니다. 죄는 단순히 하나님의 뜻을 따르지 않는 소극적인 상태에 머물지 않습니다. 하나님의 뜻을 멸시하고 거부할 뿐 아니라, 더 나아가 하나님이 싫어하시는 삶을 적극적이고 의도적으로 선택합니다.

성경은 이를 시편 1편에서 자세히 설명합니다. 악인의 꾀를 좇고, 죄인의 길에 서며, 오만한 자의 자리에 앉는 삶입니다. 먼저 생각 속에서 죄를 품고, 그 생각이 행동으로 구체화되는 길에 서며, 하나님을 떠난 죄인의 삶을 정착시킵니다. 그렇게 죄는 점점 더 대담해지고, 인간은 점점 더 악의 길을 적극 추구하게 됩니다.

죄는 우리의 눈을 가립니다. 앞을 보지 못하게 하고, 선악을 분별하지 못하게 만듭니다. 가장 소중하고 아름다운 하나님의 뜻을 하찮은 것으로 여기게 만듭니다. 그 결과는 고난과 고통입니다. 목마르고 주리며, 얼굴은 창백해지고 몸은 수척해집니다. 하나님을 떠난 길에서는 모든 것이 잘될 것처럼 보였지만, 실상은 죽음에 이르는 병으로 달려가는 길이었습니다.

하나님과 같이 될 수 있다는 사탄의 감언이설에 속은 아담과 하와를 보십시오. 사탄은 하나님이 하신 말씀과 하지 않으신 말씀을 교묘하게 섞어 유혹했습니다. "하나님이 참으로 너희에게 동산 모든 나무의 열매를 먹지 말라 하시더냐"(창 3:1). 이 질문 속에는 불신앙과 불경건을 부추기는 독이 담겨 있었습니다. 결국 최초의 인류는 하나님의 법도보다 사탄의 유혹을 따랐고, 하나님이 금지하신 나무의 열매를 따먹는 불순종의 죄를 범했습니다. 그 결과는 무엇이었습니까? 하나님의 음성이 두려워 동산 나무 사이에 숨어버리는 불행과 수치심뿐이었습니다(창 3:10).

아버지의 재산을 받아 집을 떠난 둘째 아들, 탕자 역시 다르지 않았습니다. 그는 자신을 속박하는 것처럼 느껴졌던 집을 떠나 자유를 얻은 듯 기뻐했지만, 결국 돼지우리 안에서 굶주려 죽을 지경에 이르고 말았습니다(눅 15:16-17). 이 아담과 탕자의 모습이 바로 하나님을 떠난 우리의 모습입니다. 인간은 스스로를 똑똑하고 강하며 자신만만한 존재로 과대평가하지만, 하나님을 떠난 인간은 광야 사막에서 방황하며 주리고 목말라할 뿐입니다. 흑암과 사망의 그늘 같은 지하 감옥에 갇혀 고통을 당할 뿐입니다. 왕이 없어 각기 자기 소견에 옳은 대로 행하다가 심판을 당하고, 스스로 왕이 되어 살다가 심판에 이르게 됩니다. 이 모든 것이 하나님을 떠난 결과입니다.

죄의 늪에 빠진 우리

죄는 늪과도 같습니다. 그 위를 걷는 사람은 서서히 가라앉다가 끝내 헤어나오지 못하고 사라지게 됩니다. 죄는 인간을 병상에 눕게 만들고, 무기력하게 만들며, 마침내는 차라리 죽는 편이 더 낫지 않겠는가 하는 생각에까지 이르게 합니다. 이것이 바로 죄가 우리에게 행하는 일입니다.

죄는 처음에는 매력적으로 보이는 많은 것들을 약속합니다. 자유를 약속하고, 만족을 약속하며, 기쁨과 해방을 약속합니다. 실상은 우리의 모든 것을 하나씩 빼앗아 갈 뿐입니다. 그리고 절망과 죽음으로 우리를 몰아넣습니다. 죄는 겉으로는 화려하고 달콤한 쾌락을 제공하는 듯 보이지만, 그 본질은 열린 무덤이며, 속임이며, 저주와 악독이며, 파멸과 고생이며, 평강의 부재이며, 하나님을 두려워함이 전혀 없는 비참한 상태입니다. 사도 바울은 이를 이렇게 요약합니다.

의인은 없나니 하나도 없으며 ⋯ 그들의 목구멍은 열린 무덤이요 ⋯ 파멸과 고생이 그 길에 있어 평강의 길을 알지 못하였고 그들의 눈앞에는 하나님을 두려워함이 없느니라(롬 3:10-18).

죄가 인간에게서 무엇을 빼앗아 가는지 한 가지 예를 들어 보겠습니다. 저는 분노의 감정에 사로잡힌 한 사람을 알고 있습니다. 그는 입만 열면 동료 그리스도인을 저주합니다. 어제의 친구들을 비난하고 헐뜯고 상처를 줍니다. 그러면서도 그것을 의로운 일이라 주장하고, 심지어 거룩한 분노라는 이름으로 포장합니다. 그러나 주님은 무엇이라고 말씀하셨습니까? "또 네 이웃을 사랑하고 네 원수를 미워하라 하였다는 것을 너희가 들었으나 나는 너희에게 이르노니 너희 원수를 사랑하며 너희를 박해하는 자를 위하여 기도하라"(마 5:43-44).

원수까지 사랑하고 그를 위해 기도하라고 명하신 주님의 말씀 앞에서, 원수도 아닌 동료 그리스도인을 사랑하지는 못할망정 그를 저주하고 비난하는 것은 결코 그리스도인의 모습이 아닙니다. 하나님의 말씀의 법도를 따르지 않은 채, 누군가를 향한 분노에 사로잡혀 그를 파멸시키는 일에 마음과 시간을 쏟는 사람은 결국 자기 자신이 그 분노의 포로가 되고 맙니다.

성경은 이러한 상태를 이렇게 묘사합니다. "샘이 그 물을 솟구쳐 냄같이 악이 그 속에서 솟구쳐 나오느니라"(렘 6:7). 분노에 사로잡힌 사람은 분별력을 잃고, 평안을 상실하며, 결국 광인과도 같은 상태로 전락합니다. 마치 술에 취하는 과정과도 같습니다. 처음에는 사람이 술을 마십니다. 그다음에는 술이 술을 마시고, 마침내는 술이 그 사람을 집어삼켜 버립니다. 분노도 마찬가지입니다. 처음에는 사람이 분노하지만, 그다음에는 분노가 분노를 낳고, 결국에는 분노가 그 사람을 삼켜 버립니다. 이 모든 것은 하나님의 법도와 규칙을 지키지 않은 결과로 찾아오는 고난입니다.

이처럼 죄는 인간에게서, 특별히 그리스도인에게서 거룩함과 고상함을 빼앗아 갑니다. 죄가 인간을 얼마나 거칠게 만드는지 우리는 주변에서 너무도 자주 목격합니다. 저는 그리스도인이라 불리면서도 죄로 인해 점점 거칠어지고 메말라 가는 사람들을 많이 보아 왔습니다. 이것은 참된 그리스도의 생명이 그 안에서 역사하고 있지 않다는 증거이기도 합니다. 죄는 그 사람의 생명을 서서히 좀먹을 뿐입니다.

그럼에도 불구하고 인간은 이 죄의 고난이 극에 달하고, 더 이상 견딜 수 없는 지경에 이르러서야 비로소 하나님을 찾는 어리석은 존재입니다. 그렇기에 우리는 이러한 죄에서 떠나기 위해 늘 깨어 있어야 하며, 스스로를 돌아보는 일에 부단히 힘써야 합니다. 무엇보다도 이 모든 이야기가 다른 누군가의 이야기가 아니라, 언제든지 나 자신의 모습일 수 있음을 결코 잊지 말아야 합니다. 사도 베드로는 이렇게 권면합니다.

> 악에서 떠나 선을 행하고 화평을 구하며 그것을 따르라. 주의 눈은 의인을 향하시고 그의 귀는 의인의 간구에 기울이시되 주의 얼굴은 악행하는 자들을 대하시느니라 하였느니라(벧전 3:11-12).

이 끔찍한 난제에서 구원받을 유일한 길

> 이에 그들이 그들의 고통 때문에
> 여호와께 부르짖으매
> 그가 그들의 고통에서 그들을 구원하시되
> 그가 그의 말씀을 보내어 그들을 고치시고
> 위험한 지경에서 건지시는도다(시 107:19-20).

이 죄를 정복할 수 있는 유일한 치료책은 하나님의 말씀, 곧 복음의 말씀입니다. 이 치료책을 주시는 분은 오직 자비의 하나님이십니다. 여호와 하나님께서 이 말씀을 우리에게 보내 주셨습니다. 곧 길이요 진리요 생명이신 예수 그리스도를 보내 주셨습니다. 이것이 복음입니다. 사도 요한은 이 복음의 신비를 이렇게 증언합니다.

말씀이 육신이 되어 우리 가운데 거하시매 우리가 그의 영광을 보니 아버지의 독생자의 영광이요 은혜와 진리가 충만하더라(요 1:14).

또한 그는 복음의 목적을 다음과 같이 선포합니다.

하나님이 세상을 이처럼 사랑하사 독생자를 주셨으니 이는 그를 믿는 자마다 멸망하지 않고 영생을 얻게 하려 하심이라. 하나님이 그 아들을 세상에 보내신 것은 세상을 심판하려 하심이 아니요 그로 말미암아 세상이 구원을 받게 하려 하심이라(요 3:16-17).

이 말씀에 등장하는 "그", 곧 "그 아들"이 바로 구약의 모든 선지자들이 예언했던 메시아이십니다. 이 복음은 신약의 모든 사도들이 목숨을 걸고 선포했던 대주제였습니다. 히브리서의 설교자는 이 사실을 장엄하게 요약합니다.

옛적에 선지자들을 통하여 여러 부분과 여러 모양으로 우리 조

상들에게 말씀하신 하나님이 이 모든 날 마지막에는 아들을 통하여 우리에게 말씀하셨으니 이 아들을 만유의 상속자로 세우시고 또 그로 말미암아 모든 세계를 지으셨느니라. 이는 하나님의 영광의 광채시요 그 본체의 형상이시라. 그의 능력의 말씀으로 만물을 붙드시며 죄를 정결하게 하는 일을 하시고 높은 곳에 계신 지극히 크신 이의 우편에 앉으셨느니라(히 1:1-3).

하나님의 말씀을 멸시하고 거부함으로 죽음에 이르는 질병에 걸렸던 사람들이, 바로 그 말씀으로 치료를 받습니다. 마태복음은 우리 주님의 갈릴리 사역을 이렇게 증언합니다.

예수께서 온 갈릴리에 두루 다니사 그들의 회당에서 가르치시며 천국 복음을 전파하시며 백성 중의 모든 병과 모든 약한 것을 고치시니 그의 소문이 온 수리아에 퍼진지라. 사람들이 모든 앓는 자 곧 각종 병에 걸려서 고통 당하는 자, 귀신 들린 자, 간질하는 자, 중풍병자들을 데려오니 그들을 고치시더라(마 4:23-24).

예수님께서는 모든 것을 고치십니다. 질병만이 아니라 죽음마저 고치십니다. 예수님은 죽은 지 나흘이나 되어 썩은 냄새가 진동하던 나사로를 살려내셨습니다. 주님은 우리의 개인과 가정을 고치실 뿐 아니라, 교회를 고치시고, 마침내 온 우주 만물을 회복시키실 것입니다. 그 이유는 분명합니다. 예수님의 이름에 권세가 있기 때문입니다. 그 이름 안에 생명이 있기 때문입니다. 그분만이 유일한 진리이시기 때문입니다.

이 진리를 받아들이고 이 진리의 길을 따라가는 자만이 진정한 자유를 누릴 수 있습니다. 주님은 친히 말씀하셨습니다.

진리를 알지니 진리가 너희를 자유롭게 하리라(요 8:32).

이 예수 그리스도와 그분이 십자가에서 이루신 대속의 사역이 바로 복음입니다. 이것이 해독제입니다. 이것이 우리를 죄라는 치명적인 질병에서 건져내는 유일한 치료제입니다. 그분이 우리를 대신하여 십자가에서 죽으셨기 때문입니다. 우리 죄를 씻으시기 위해 보배로운 대속의 피를 흘리셨기 때문입니다. 이사야 선지자는 이 치료의 근원에 대해 이렇게 예언했습니다.

그가 찔림은 우리의 허물 때문이요 그가 상함은 우리의 죄악 때문이라. 그가 징계를 받으므로 우리는 평화를 누리고 그가 채찍에 맞으므로 우리는 나음을 받았도다(사 53:5).

부르짖으라

이에 그들이 그들의 고통 때문에 여호와께 부르짖으매

그가 그들의 고통에서 그들을 구원하시되(시 107:19).

우리가 이 치료책을 받는 유일한 방법은 하나님께 부르짖는 것뿐입니다. 죄란 무엇입니까? 가장 높으신 지존자를 거역하고, 그분의 뜻을 멸시하는 것입니다. 하나님 없이 무엇인가를 해보려는 모든 시도가 곧 죄입니다. 그러한 시도는 인간에게 참된 해결을 주지 못하고, 오히려 또 다른 걱정과 근심, 고통만을 더할 뿐입니다.

예수 그리스도 안에서 안식하기 전까지 참된 안식은 존재하지 않습니다. 예수 그리스도를 믿고 영접하며, 그분의 길을 따르는 제자의 삶을 살지 않는 한 참된 행복은 결코 오지 않습니다. 우리는 종종 "차라리 죽는 게 낫다"라고 말하는 사람들을 만납니다. "이렇게 사느니 차라리 죽고 싶다", "이쯤에서 끝내자"라고 절규하는 이들도 적지 않습니다. 오늘날 얼마나 많은 사람들이 이런 생각을 안고 살아가고 있습니까?

하지만 우리 역시 여기에서 예외가 될 수 없습니다. 과연 우리는 어떤가요? 절망에 함몰되어 침상에 누워 있지는 않습니까? 삶의 기쁨과 활력을 잃어버리지는 않았습니까? 숨은 쉬고 있지만, 사는 것이 더 이상 사는 것처럼 느껴지지 않나요?

시편 기자는 바로 이런 영혼들을 향해 이렇게 외칩니다.

내 영혼아 네가 어찌하여 낙심하며

어찌하여 내 속에서 불안해 하는가

너는 하나님께 소망을 두라

나는 그가 나타나 도우심으로 말미암아

내 하나님을 여전히 찬송하리로다(시 42:11).

주 예수 그리스도를 믿으십시오. 자비의 하나님께 부르짖으십시오. 그분이 말씀을 보내어 우리를 그 위험한 지경에서 건지실 것입니다. 우리와 우리의 가정이 구원을 얻게 될 것입니다. 저는 지금 우리 각자를 괴롭히는 문제가 무엇인지 모두 알지는 못합니다. 그러나 제가 분명히 알고 확신하는 한 가지는 이것입니다. 우리가 하나님께 부르짖으면, 그분은 반드시 구원하신다는 사실입니다.

우리가 부르짖을 때, 그분은 물에 빠진 사람을 건져 올리듯 우리를 구하실 것이며, 지진의 잔해 아래 깔려 있던 사람을 구조하듯 우리를 끌어내실 것입니다. 하나님이 보내신 말씀, 곧 예수 그리스도께서 우리에게 오셔서 우리를 고치실 것입니다. 우리의 질병을 치유하시고, 위험한 지경에서 건져내어 다시금 건강하게 하실 것입니다. 침상을 박차고 일어나게 하시며, 외양간에서 나온 송아지같이 뛰게 하시고, 독수리가 날개 치며 올라감 같이 새 힘을 얻게 하실 것입니다(말 4:2; 사 40:31). 성령의 충만한 능력과 기쁨으로 주의 성전에 들어가게 하실 것입니다(행 9:1-10). 나면서부터 걷지 못하던 사람이 나사렛 예수 그리스도의 이름으로 걷고 뛰며 하나님을 찬송하게 될 것입니다(행 3:1-8). 그분만이 유일한 구원의 길임을 몸으로 체험하게 될 것이기 때문입니다. 그리고 마침내 바울처럼 이렇게 고백하게 될 것입니다.

우리가 살아도 주를 위하여 살고 죽어도 주를 위하여 죽나니 그러므로 사나 죽으나 우리가 주의 것이로다(롬 14:8).

예수 그리스도를 믿으십니까? 그분의 구원을 확신하십니까? 그렇다면 우리가 해야 할 일은 분명합니다. 질병과 사망, 저주와 죽음에서 우리를 건져주신 여호와 하나님의 인자하심과 기이한 일을 인하여 하나님을 찬송하는 것입니다.

여호와의 인자하심과

인생에게 행하신 기적으로 말미암아

그를 찬송할지로다

감사제를 드리며 노래하여

그가 행하신 일을 선포할지로다(시 107:21-22).

감사의 제사는 죽음이라는 질병에서 구원을 얻은 신자의 마땅한 예배이며 자연스러운 반응입니다. 구원받은 신자는 먼저 하나님을 찬송합니다. 그렇다면 우리는 구원의 하나님을 인하여 감격의 찬송을 드리고 있습니까? 구원받은 신자는 하나님께 감사의 제사를 드립니다. 우리는 하나님께 진정한 감사제를 드리고 있습니까? 영과 진리로 예배하고 있습니까? 그리고 마지막으로, 구원받은 신자는 하나님께서 행하신 일을 선포합니다. 우리는 이 위대한 복음의 메시지를 선포하는 일에 마음을 쏟고 있습니까? 우리의 모든 것을 동원하여 복음을 증거하는 삶을 살고 있습니까? 우리를 구원하신 하나님을 찬송하며 그분께 감사하고 그분의 기이한 일을 세상 가운데 선포하는 데 우리의 삶 전부를 드리는 성도가 되기를 소망합니다.

23 배들을 바다에 띄우며 큰 물에서 일을 하는 자는 24 여호와께서 행하신 일들과 그의 기이한 일들을 깊은 바다에서 보나니 25 여호와께서 명령하신즉 광풍이 일어나 바다 물결을 일으키는도다 26 그들이 하늘로 솟구쳤다가 깊은 곳으로 내려가나니 그 위험 때문에 그들의 영혼이 녹는도다 27 그들이 이리저리 구르며 취한 자 같이 비틀거리니 그들의 모든 지각이 혼돈 속에 빠지는도다 28 이에 그들이 그들의 고통 때문에 여호와께 부르짖으매 그가 그들의 고통에서 그들을 인도하여 내시고 29 광풍을 고요하게 하사 물결도 잔잔하게 하시는도다 30 그들이 평온함으로 말미암아 기뻐하는 중에 여호와께서 그들이 바라는 항구로 인도하시는도다 31 여호와의 인자하심과 인생에게 행하신 기적으로 말미암아 그를 찬송할지로다 32 백성의 모임에서 그를 높이며 장로들의 자리에서 그를 찬송할지로다

4. 네 번째 난제, 인생의 광풍

우리는 하나님께 범죄한 인간이 운명적으로 겪게 되는 여러 난제를 시편 107편을 통해 차례로 살펴보고 있습니다. 시인은 인간의 삶을 가리켜 거주할 성을 찾지 못한 채 방황하는 광야에 비유하고, 빠져나올 수 없는 깊은 감옥과 같다고 말하며, 더 나아가 병실에서 죽음을 앞둔 환자의 모습으로 그려 냅니다. 종교개혁자 장 칼뱅이 시편을 가리켜 "인간 영혼의 해부도"라 부른 이유가 여기에 있습니다.

이제 시인은 네 번째로, 우리의 삶이 거대한 파도를 거슬러 항해하는 폭풍 한가운데의 선원과 같다고 말합니다. 인생을 어느 정도 살아온 이들의 이야기를 들어보면, 그들이 결코 평탄한 세월을 지나오지 않았음을 알게 됩니다. 우리의 인생 여정에는 크고 작은 파도가 끊임없이 일렁이고, 때로는 감당하기 어려운 폭풍이 몰아치기도 합니다.

저는 2011년, 미국 리폼드 신학대학원에서 유학하던 시절에 직접 목격했던 토네이도를 잊을 수 없습니다. 미국 남부를 강타한 그 토네이도는 미시시피 주 잭슨을 그대로 휩쓸고 지나갔습니다. 밖에 나가 있던 사람들은 급히 견고한 건물 안으로 몸을 숨겨야 했고, 학교에 있던 아이들은 모두 실내체육관으로 대피해야 했습니다. 외출을 마치고 집으로 돌아와 보니, 토네이도가 지나간 동네는 마치 폭격을 맞은 것처럼 처참하게 변해 있었습니다. 수십 그루의 아름드리 고목이 허리가 꺾여 집 지붕을 뚫었고, 차들은 형체를 알아볼 수 없을 만큼 찌그러졌으며, 집들마저 더 이상 거주가 불가능할 만큼 파괴되어 버렸습니다. 멀쩡한 집과 차량을 찾아보기 어려울 정도였습니다. 영화 속 장면으로만 보던 토네이도의 위력이 얼마나 무서운지, 그때 처음으로 실감했습니다.

오늘 시인은 우리의 인생이 바로 그와 같은 위험에 노출되어 있다고 말합니다. **타락한 인간이 살아가는 눈물 골짜기와 같은 이 세상에, 예기치 못한 토네이도, 곧 인생의 광풍이 불어닥칠 때가 있다는 것입니다.**

폭풍과 큰 파도를 만난 배와 같은 인생

여호와께서 명령하신즉

광풍이 일어나 바다 물결을 일으키는도다

그들이 하늘로 솟구쳤다가 깊은 곳으로 내려가나니

그 위험 때문에 그들의 영혼이 녹는도다

그들이 이리저리 구르며 취한 자 같이 비틀거리니

그들의 모든 지각이 혼돈 속에 빠지는도다(시 107:25-27).

우선 시인은 "배들을 바다에 띄우며 큰 물에서 일을 하는 자"에 대해 말합니다. 이들은 바다에 배를 띄우는 사람들입니다. 큰 물에서 사업을 하는 자들입니다. 배를 띄울 만큼의 재력을 가졌고, 큰 바다에서 일할 만큼 경험과 노련미를 갖춘 사람들입니다. 그러나 그런 그들에게도 이내 큰 폭풍과 파도가 몰아닥칩니다(시 107:24-25). 그들은 이 폭풍과 파도로 인해 하늘로 솟구쳤다가 깊은 곳으로 곤두박질칩니다(시 107:26). 그 결과 그들의 영혼이 녹아내리고(시 107:26) 이리저리 구르며 마치 술에 취한 사람처럼 비틀거리는 가운데, 그들의 모든 지각이 혼돈에 빠지고 맙니다(시 107:27).

시인의 묘사처럼, 인생은 거센 폭풍과 파도에 휩쓸리는 배와도 같습니다. 갑작스럽게 몰아닥친 폭풍과 파도로 인해 배가 하늘로 솟구쳤다가 바다 밑으로 떨어지는 이 장면을 보며, 뱃사람은 그것이 무엇을 의미하는지 누구보다 잘 알고 있습니다. 그들의 생명이 깊은 바다 한가운데서, 폭풍과 파도 앞에 경각에 달려 있다는 사실입니다. 이런 폭풍을 만나면, 그들이 평소 자랑하던 지식과 경험은 무력해지고 맙니다. 폭풍 속에서 느끼는 고통과 죽음의 공포는, 우리의 인생이 처한 현실과 너무도 닮아 있습니다.

"술에 취한 자처럼 비틀거린다"는 말은 더 이상 균형을 잡을 수 없는 상태를 가리킵니다. 쓰러지기 직전이라는 뜻이며, 달리 선택할 다른 길이 없다는 의미이기도 합니다. 흔히 말하듯, 백약이 무효한 상황입니다. 불치병 앞에서 속수무책으로 당할 수밖에 없는 것처럼 말입니다. 이 구절에 사용된 히브리어 단어는 '하가그'(תגג)와 '누아'(נוע)인데, 두 단어 모두 '흔들리다, 요동치다'는 뜻을 담고 있습니다. 인생은 이처럼 한 자리에 정착하여 안정되기보다, 끊임없이 흔들릴 수밖에 없는 불안정한 상태에 놓여 있다는 것입니다. 시편 기자는 바로 지금 우리의 인생이 이렇게 위험한 형편에 놓여 있다고 말합니다.

이런 폭풍과 파도를 만난 이들은 누구입니까? 뱃사람들입니다. 이들은 바람과 파도의 전문가들입니다. 항해에 관해서는 타의 추종을 불허하는 베테랑입니다. 그런데 시인의 묘사를 보십시오. 바로 그들이 죽음의 위기에 놓였습니다. 배는 파선 직전입니다. 두 동강이 나거나 전복될 수 있고, 그러면 침몰뿐인 상황입니다. 그래서 그들은 취한 사람처럼 비틀거립니다. 바다와 파도와 바람에 대한 모든 지식도 이 무서운 혼돈 앞에서는 쓸모가 없습니다. 웃음기는 사라지고, 죽음의 공포 앞에서 희희낙락할 여유도 사라집니다.

그들은 두려움에 사로잡혀 소중한 물건들을 배 밖으로 던지는 가련한 사공들과 같습니다(욘 1:5, 13). 또한 "우리가 죽게 된 것을 돌보지 아니하시나이까"(막 4:38)라고 떨던 제자들과도 같습니다. 폭풍 속에서 인간이 얼마나 무력한 존재인지, 시인은 이 장면을 통해 적나라하게 드러내고 있습니다.

인생이라는 항해

인간의 삶이란 마치 항해하는 배와도 같습니다. 우리가 이 세상에 태어나는 것은 항구를 출발하는 배에 막 올라탄 것에 비유할 수 있습니다. 우리는 대체로 항해를 낙관합니다. 모든 일이 잘될 것이라고 기대합니다. 갑판 위에서는 브라스 밴드가 출항을 축하하듯, 기대와 희망의 음악이 울려 퍼집니다. 이제는 즐길 일만 남은 것 같습니다.

그러나 항해를 시작하자마자 폭풍과 파도가 들이닥칩니다. 때로는 암초를 만납니다. 그것들은 우리를 술 취한 사람처럼 비틀거리게 만들고, 죽음의 그림자를 직감하게 합니다. 제가 지금 무슨 말을 하고 있습니까? 하나님을 의지하지 않는 인생의 항해는 결코 낙관적일 수 없다는 것입니다. 왜 그렇습니까? 우리 인생에 불어닥치는 폭풍과 파도 때문입니다. 그 폭풍과 파도는 우리를 집어삼키고, 우리의 삶을 송두리째 흔들어 놓습니다.

1912년 4월 10일, 영국 화이트 스타 라인이 운영하던 북대서양 횡단 여객선 타이타닉호가 영국 사우스햄턴을 출발해 미국 뉴욕을 향해 항해를 시작했습니다. 타이타닉호는 당시 가장 크고 호화로운 배였으며, 방수 격벽이 16개 구역으로 나뉘어 있어 두세 개 구역이 침수되어도 결코 가라앉지 않는다고 여겨졌습니다. 최고의 기술력으로 만들어진 배였기에, 사람들은 이 배를 '결코 침몰하지 않는 배'라 불렀습니다. 당시 이 배에는 2,223명의 승객이 타고 있었습니다.

그러나 항해를 시작한 지 불과 나흘 만인 4월 15일 밤 11시 40분, 타이타닉호는 빙산과 충돌했고, 충돌 후 2시간 40분 만에 완전히 침수되어 침몰하고 말았습니다. 이 사고로 1,514명이 목숨을 잃었고, 706명만이 구조되었습니다. 영화 〈타이타닉〉에서 레오나르도 디카프리오가 케이트 윈슬렛의 초상화를 그려 주는 장면에 등장하는 스케치에는 "April 14, 1912"라는 날짜가 적혀 있습니다. 이 날이 그림이 완성된 평화로운 오후인 동시에, 밤이 되어 타이타닉호가 빙산과 충돌한 운명의 날이기도 했습니다. 인간은 침몰하지 않는 배를 만들려 했지만, 인간의 손으로 만든 배는 침몰합니다. 인간은 완전하지 않으며, 인간이 오랜 세월 쌓아온 지혜도 완벽하지 않습니다. 우리는 타이타닉호처럼 인생에 불어닥치는 폭풍과 파도, 그리고 빙산 앞에서 속수무책인 존재입니다.

가장 위험한 재난

강릉 경포대나 부산 광안리 앞바다 백사장에서, 빠져나가는 물살을 따라 내려갔다가 다시 밀려오는 파도를 피해 급히 물 밖으로 달아난 경험쯤은 한 번쯤 있으실 것입니다. 미처 피하지 못해 신발이 바닷물에 젖었던 기억도 있을지 모릅니다. 그러나 지금 시인이 묘사하는 파도는 그런 낭만적인 풍경이 아닙니다. 오래전 일본을 덮쳤던 쓰나미를 떠올려 보십시오. 삶의 터전 전체를 집어삼킨, 참으로 무서운 재앙이었습니다.

우리의 삶에도 이와 같은 쓰나미가 종종 몰려옵니다. 그것
은 사업의 부도일 수도 있고, 가정의 파탄일 수도 있으며, 질병
과 생계의 위협, 나아가 전쟁일 수도 있습니다. 얼마 전까지만
해도 온 세상은 전염병의 팬데믹 앞에서 공포에 떨었습니다.
바이러스 하나로 온 세계가 흔들렸습니다. 이것이 인간이 만나
는 폭풍입니다. 인간은 외적인 재난만이 아니라, 알코올과 약
물 중독, 금단 현상, 분노와 우울, 공황장애와 같은 내적인 폭
풍을 만나기도 합니다. 그러나 인생을 송두리째 삼키는 가장
위험한 폭풍과 파도는 따로 있습니다. 그것은 하나님을 거역하
고 하나님 없이 살아가는 죄입니다.

우리는 스스로 우리 자신의 인생 항해를 완전히 통제하고
있다고 생각하지만 실상은 그렇지 않습니다. 인간은 더 이상
지혜롭지 못합니다. 자신의 무능력과 전적 타락 앞에서는 그
어떤 지식과 정보도 무용지물입니다. 큰 물에서 잘 살아보겠
다고 항해를 떠났지만, 결국 절망 가운데 죽게 된 것입니다. 지
금도 인류는 침몰하는 타이타닉호처럼 바다 깊숙이 가라앉
고 있습니다. 제가 무슨 말을 하고 있습니까? 저는 하나님 없
는 낙관주의가 지닌 치명적인 위험을 말하고 있습니다. 하나
님 없이 사는 인생의 끝은 죽음뿐입니다. 광야에서 죽고, 사
망의 음침한 감옥에서 죽고, 병실에서 질병으로 죽습니다. 그

리고 이제 또다시 바다 한가운데서 폭풍같이 밀려오는 외적인 파도와 내적인 정욕의 죄로 죽습니다. 성경이 우리에게 던지는 메시는 분명합니다. 하나님 없이 사는 인생은 살았으나 죽은 인생입니다.

그러므로 하나님 없는 인생 항해가 죽음에 이르는 길임을 깨닫는 것 자체가 은혜이며 축복입니다. 오직 하나님을 찬송하는 자만이 참된 평화를 누릴 수 있습니다. 이사야 선지자는 이렇게 외칩니다.

항해하는 자들과 바다 가운데의 만물과 섬들과 거기에 사는 사람들아 여호와께 새 노래로 노래하며 땅 끝에서부터 찬송하라(사 42:10).

인생의 항해 길에서 수없이 만나게 되는 폭풍과 바람과 파도를 잠잠케 하실 수 있는 분은 오직 전능하신 여호와 하나님 한 분뿐입니다. 그러므로 그분만을 찬양하며, 그분 안에서 참된 소망을 품고 항해합시다.

폭풍과 파도를 잠잠케 하시는 분

이에 그들이 그들의 고통 때문에 여호와께 부르짖으매

그가 그들의 고통에서 그들을 인도하여 내시고

광풍을 고요하게 하사 물결도 잔잔하게 하시는도다

그들이 평온함으로 말미암아 기뻐하는 중에

여호와께서 그들이 바라는 항구로 인도하시는도다

(시 107:28-30).

시인은 폭풍과 큰 파도를 만난 인간의 유일한 소망이 오직 하나님께 있음을 분명히 밝힙니다. 그는 "이에 저희가 그 근심 중에서 여호와께 부르짖으매 그가 그들의 고통에서 그들을 인도하여 내"신다고 말합니다(시 107:28). 이 말씀을 통해 우리는 인생에 불어닥친 광풍과도 같은 재난을 잠잠케 하는 유일한 길이 무엇인지 알게 됩니다. 그것은 부르짖음, 곧 기도입니다.

인생의 폭풍과 파도를 만났을 때, 하나님께 부르짖어야 합니다. 살려 달라고 외쳐야 합니다. 우리 하나님은 간절히 부르짖고 기도하는 우리를 고통 가운데서 구원하시는 분입니다. 본문에서 "광풍을 고요하게 하다"와 "파도를 잠잠케 하다"라는 표현에 사용된 히브리어는 각각 '데마마'(דְּמָמָה)와 '하샤'(חָשָׁה)

입니다. 이 두 단어는 모두 '침묵'과 관련된 의미를 가지고 있습니다. 우리가 부르짖을 때, 하나님은 우리를 괴롭히던 사건과 문제, 심지어 모든 세력까지도 침묵하게 하십니다. 그 소란한 움직임을 멈추게 하시고 마침내 고요하게 하십니다.

피난처 있으니 환난을 당한 자 이리 오라.
땅들이 변하고 물결이 일어나 산 위에 넘치되 두렵잖네.
이방이 떠들고 나라들 모여서 진동하나
우리 주 목소리 한번만 발하며 천하에 모든 것 망하겠네.

제가 자주 부르는 찬송가 "피난처 있으니"의 가사입니다. 우리 주께서 그 목소리를 한 번만 발하시면 우리를 괴롭히던 폭풍과 파도는 잠잠해질 것입니다.

저는 어렸을 적, 형들을 따라 한여름에 고향 파주에 있는 저수지에 놀러가곤 했습니다. 시골에서 자란 형들은 어려서부터 깊은 저수지에서 수영하며 놀던, 말 그대로 물놀이의 달인들이었습니다. 반면 도시에서 자라 도련님처럼 컸던 저는, 그때나 지금이나 수영을 하지 못합니다. 강과 바다를 좋아하면서도 동시에 가장 두려워하는 것이 물입니다. 어느 날 형들을 따라 저수지에 갔다가 물에 빠져 헤어 나오지 못한 적이 있습니다. 형들에게 살려 달라고 외쳤지만, 형들은 이상하게도 곧바로 구해 주지 않았습니다. 죽는 줄 알고 더 크게 소리를 지르며 발버둥을 치자, 그제야 형들이 유유히 수영해 와 저를 건져 주었습니다. 나중에 알게 된 사실이지만, 형들은 제게 수영을 가르치려고 일부러 그렇게 했던 것입니다. 참으로 야속한 형들이었습니다. 그때처럼 형들이 미웠던 적이 없었습니다.

우리 하나님은 그렇지 않으십니다. 하나님은 우리를 인도하실 뿐 아니라, 광풍을 고요하게 하시고 물결까지 잔잔하게 하시는 분이십니다. 하나님께서 우리를 어떻게 구원하십니까? 폭풍의 한가운데로 친히 걸어 들어오셔서 우리의 인생 항해에 직접 개입하십니다. 하나님은 어떻게 우리 인생에 개입하셨습니까? 허물과 죄로 죽었던 우리를 살리시기 위해, 친히 독생자 예수 그리스도를 이 땅에 보내셨습니다.

하나님이 세상을 이처럼 사랑하사 독생자를 주셨으니 이는 그를 믿는 자마다 멸망하지 않고 영생을 얻게 하려 하심이라(요 3:16).

이것이 바로 복음의 메시지이며, 하나님께서 우리가 마주한 광풍을 잠잠케 하시는 방식입니다. 주님은 미쳐 날뛰는 광풍을 마치 감미로운 속삭임처럼 고요하게 만드십니다. 높고 깊게 일렁이던 파도를 침묵하게 하십니다. 이것이 예수 그리스도의 십자가 복음이 지닌 능력입니다. 그 능력은 우리를 자유케 하는 능력입니다. 주님은 말씀하십니다.

진리를 알지니 진리가 너희를 자유롭게 하리라(요 8:32).

인생의 수고하고 무거운 짐을 진 자들이 예수님께 나아갈 때, 그들은 참된 쉼을 얻게 됩니다.

우리 주 예수 그리스도께서는 이 일을 위해 친히 우리와 같은 사람이 되셨습니다. 우리의 질고를 친히 지셨고, 우리의 고난과 죄를 대신 짊어지셨습니다. 그렇기에 우리를 누구보다 잘 아십니다. 그리고 마침내 십자가에서 죽으심으로 우리를 구원하셨습니다. 이것이 복음의 위력이며, 예수 그리스도의 십자가 보혈의 능력입니다. 그 결과, 그 무엇도 빼앗을 수 없는 참된 평안과 평강이 우리에게 임합니다. 전능자의 능력과 평강이 우리 가운데 임했기 때문입니다. 주님은 제자들에게 주시는 이 평안이 세상이 주는 것과 같지 않기에, 마음에 근심할 필요도 두려워할 이유도 없다고 말씀하십니다(요 14:27).

우리 인생 앞에 어떤 폭풍과 파도가 몰려온다 해도, 그것이 우리의 삶을 압도하지는 못합니다. 우리는 예수 그리스도를 믿는 사람이 되었기 때문입니다. 이제 죽음도, 지옥도 우리를 두렵게 하지 못합니다. 사탄의 권세 또한 우리를 주장하지 못합니다. 우리는 부활이요 생명이신 예수 그리스도의 소유가 되었기 때문입니다(요 11:25). 성경은 이러한 사람들을 가리켜 세상이 감당하지 못하는 사람들이라 말합니다(히 11:38). 그들은 더 이상 세상에 속한 것이 아니라 하나님께 속한 하나님의 사람입니다. 그러므로 이제는 폭풍이 일어나도 상관없고, 파도가 어디에서 일어나든 두려울 이유가 없습니다. 주 예수 그리스도께서 배에 계시면 우리는 안전합니다.

마가복음 4장에서 예수님은 제자들과 함께 바다 저편으로 건너가시기 위해 배에 오르셨습니다. 그리고 배 안에서 잠이 드셨습니다. 그런데 갑자기 큰 광풍이 일어나 물결이 배에 부딪혀 들어오며 배에 가득 차게 되었습니다. 두려움에 사로잡힌 제자들은 주님을 깨우며, 우리가 죽게 되었다고 절규했습니다. 그때의 장면을 마가는 이렇게 기록합니다.

예수께서 깨어 바람을 꾸짖으시며 바다더러 이르시되 잠잠하
라 고요하라 하시니 바람이 그치고 아주 잔잔하여지더라(막
4:39).

예수님은 우리 인생이 만난 폭풍과 파도를 꾸짖어 잠잠하
게 하시는 분이십니다. 그분은 폭풍과 파도를 지으신 창조주
이시기 때문입니다. 그러므로 그리스도께서 우리 인생의 선장
이 되시면 우리는 안전합니다. 이것이 우리가 받은 구원이요,
우리가 누리는 참된 행복입니다. 이것이 우리를 향하신 하나
님의 사랑입니다. 우리가 하나님께 부르짖고, 인생의 키를 그
분께 맡길 때, 하나님은 우리를 우리가 바라던 항구로 인도하
십니다.

그들이 평온함으로 말미암아 기뻐하는 중에
여호와께서 그들이 바라는 항구로 인도하시는도다(시 107:30).

여기서 말하는 '바라는 항구', 곧 '소원의 항구'란 거센 폭풍
과 큰 파도를 지나 우리가 반드시 도착하기를 소망하는 곳입
니다. 그곳은 안전한 구원의 항구이며, 하나님의 나라라는 새
로운 소망의 항구입니다. 하나님께서 보내신 예수 그리스도를
믿는 사람은 반드시 이 항구에 도착하게 됩니다. 그곳에서 우

리를 기다리는 것은 완전한 평온과 충만한 기쁨입니다.

인생의 폭풍과 파도의 한가운데서 예수 그리스도를 만난 인생은 새로워집니다. 삶의 방향이 바뀌고, 새로운 목적지, 곧 새로운 사명이 주어집니다. 새로운 가치관을 품고, 하나님을 찬양하며 하나님께 영광 돌리는 것을 삶의 궁극적인 목적으로 삼게 됩니다. 그러므로 주님을 만난 우리의 삶은 그저 먹고 사는 일에만 매여 있는 육의 인생에서, 하나님의 나라를 준비하는 영의 인생으로 변화되어야 합니다. 주님은 우리에게 썩을 양식을 위하여 일하지 말고, 영생하도록 있는 양식을 위하여 일하라고 말씀하십니다(요 6:27). 그러므로 이제 우리 인생 항해의 키를 예수님께 맡기십시오. 폭풍과 파도 가운데서도 우리를 안전한 소원의 항구, 곧 하나님의 나라로 인도하시는 놀라운 은혜를 경험하게 될 것입니다.

여호와의 인자하심과 인생에게 행하신

기적으로 말미암아 그를 찬송할지로다

백성의 모임에서 그를 높이며

장로들의 자리에서 그를 찬송할지로다(시 107:31-32).

신자는 누구입니까? 신자는 여호와 하나님께서 행하신 기적을 찬송하며 예배하는 사람입니다. 시인은 신자인 우리를 향해 여호와를 찬송하라고 권면합니다. 우리를 인도하시고 구원으로 이끄시는 과정에서 행하신 하나님의 모든 일이 참으로 경이롭고 은혜롭기 때문입니다. 신자는 언제 어디서나 하나님께 감사하며 그 은혜를 찬양해야 합니다. 더 나아가 백성의 모임과 장로들의 자리, 곧 공적인 예배 가운데서도 여호와 하나님을 높여야 합니다.

이 모든 찬송은 마침내 우리가 바라던 천국에서 하나님께 올려 드릴 영원한 찬송의 예표입니다. 사도 요한은 그 장엄한 장면을 이렇게 증언합니다.

> 모든 천사가 보좌와 장로들과 네 생물의 주위에 서 있다가 보좌 앞에 엎드려 얼굴을 대고 하나님께 경배하여 이르되 아멘 찬송과 영광과 지혜와 감사와 존귀와 권능과 힘이 우리 하나님께 세세토록 있을지어다 아멘 하더라(계 7:11-12).

인생의 광풍 한가운데서 우리를 지키시고 돌보시며 구원하심으로, 마침내 우리가 바라던 항구인 천국으로 인도하시는 하나님을 날마다 찬송하며 살아가는 우리 모두가 되기를 소망합니다.

33 여호와께서는 강이 변하여 광야가 되게 하시며 샘이 변하여 마른 땅이 되게 하시며 34 그 주민의 악으로 말미암아 옥토가 변하여 염전이 되게 하시며 35 또 광야가 변하여 못이 되게 하시며 마른 땅이 변하여 샘물이 되게 하시고 36 주린 자들로 말미암아 거기에 살게 하사 그들이 거주할 성읍을 준비하게 하시고 37 밭에 파종하며 포도원을 재배하여 풍성한 소출을 거두게 하시며 38 또 복을 주사 그들이 크게 번성하게 하시고 그의 가축이 감소하지 아니하게 하실지라도 39 다시 압박과 재난과 우환을 통하여 그들의 수를 줄이시며 낮추시는도다 40 여호와께서 고관들에게는 능욕을 쏟아 부으시고 길 없는 황야에서 유리하게 하시나 41 궁핍한 자는 그의 고통으로부터 건져 주시고 그의 가족을 양 떼 같이 지켜 주시나니 42 정직한 자는 보고 기뻐하며 모든 사악한 자는 자기 입을 봉하리로다 43 지혜 있는 자들은 이러한 일들을 지켜 보고 여호와의 인자하심을 깨달으리로다

5. 진정한 기독교

이제 우리는 시편 107편의 결론에 이르렀습니다. 특별히 43절은 이 시편 전체를 관통하는 핵심이기도 합니다. 시인은 인간을 향해 이렇게 선포합니다.

지혜 있는 자들은 이러한 일들을 지켜보고

여호와의 인자하심을 깨달으리로다(시 107:43).

이 말씀은 책망처럼 들립니다. 말하자면, 좀 생각하며 살라는 권면입니다. 여기서 "지켜보고"라고 번역된 히브리어 '이쉬마르'(יִשְׁמְרוּ)는 그 어근인 '샤마르'(שָׁמַר, 지키다. 보호하다, 보존하다)

에서 나온 말로, 구약성경에 무려 400회 이상 반복해 등장합니다. 이는 대충 바라보는 태도가 아니라, 주의를 기울여 살피고 조심하여 마음을 지키라는 뜻입니다. 특별히 지혜 있는 자들, 곧 하나님께서 믿음의 마음을 주신 신자들은 삶을 성찰하며 신중히 자신을 살펴야 합니다. 그렇다면 신자는 무엇을 그렇게 주의 깊게 살펴야 합니까?

이 시편을 기록한 시인은 비유하자면 훌륭한 예술가이자 탁월한 교사입니다. 그는 이 땅을 살아가는 네 부류의 인간상을 생생하게 그려 보이며 우리에게 묻습니다.

"좀 유심히 살펴보아라. 깨달아라. 덤벙대지 말고 차분히 앉아 생각해 보아라."

만일 인간이 무언가를 말하기 전에, 혹은 행동으로 옮기기 전에 잠시라도 멈추고 조금만 더 생각해 보았다면 인류의 역사는 지금과 많이 달랐을 것입니다. 우리의 삶 역시 지금보다 사뭇 더 나았을지도 모릅니다.

그러면 도대체 시인은 우리더러 무엇을 주의 깊게 살피라고 말하는 것입니까? 그것은 지난 네 차례에 걸쳐 살펴본 우리가 인생 가운데 만나는 재앙과 고난입니다. 그것들을 주의 깊게 살피고 지켜본다면 여호와의 인자하심 앞으로 나아가는 길 외에는 달리 다른 길이 없음을 깨닫게 될 것이란 의미입니다.

이것이 진정한 기독교의 메시지입니다. 진정한 기독교의 메시지는 언제나 성경에서 나와야 합니다. 인간의 죄성과 탐욕이 투영된 메시지는 결코 사람을 살리지 못합니다. 그런 메시지는 잠시 우리를 흥분시킬 수는 있어도, 참된 행복과 구원을 가져다주지는 못합니다. 그런 점에서 시편 107편은 진정한 기독교의 메시지가 무엇인지를 우리에게 분명하게 보여줍니다.

고난이 주는 교훈

여호와께서는 강이 변하여 광야가 되게 하시며

샘이 변하여 마른 땅이 되게 하시며

그 주민의 악으로 말미암아

옥토가 변하여 염전이 되게 하시며

또 광야가 변하여 못이 되게 하시며

마른 땅이 변하여 샘물이 되게 하시고(시 107:33-35).

시편 107편은 바벨론 포로로 끌려간 이스라엘 백성이 당하는 재난과 고통을 묘사하고 있습니다. 동시에 그 고난의 자리에서 그들을 구원하시고 회복시켜 주시는 하나님의 약속의 말씀과 전능하신 능력을 선포합니다. 하나님은 온 역사와 우주와 만물을 통치하시는 분이십니다. 그러나 인간은 이 위대한 진리를 쉽게 잊습니다. 하나님의 인도하심을 직접 체험했던 이스라엘조차 그 사실을 잊었습니다. 그들은 수시로 불평하고 원망했습니다. 그래서 시인은 잊지 말고 지켜보며 주의하라고 말합니다.

자연과 섭리와 성경은 하나님께서 사람에게 주시는 교훈으로 가득 차 있습니다. 그러나 생각하지 않는 사람은 그 교훈을 깨닫지 못합니다. 유심히 지켜보고 성찰하지 않는 사람은 지혜로운 자가 될 수 없습니다. 이 시편이 우리에게 던지는 메시지는 분명합니다. 첫째, 하나님의 절대적인 주권입니다. 둘째, 하나님 없이 살아가는 인간의 비참함입니다.

지상의 모든 인간은 인생이라는 길을 걷습니다. 태어나 하루하루를 살다가 결국 죽음에 이르는 여정입니다. 성경은 이 인생을 하나님 없이 살아가는 것이야말로 가장 곤고하고 비참한 삶임을 분명히 말합니다. 모세는 이를 놀라운 문장으로 표현했습니다.

우리의 모든 날이 주의 분노 중에 지나가며
우리의 평생이 순식간에 다하였나이다
우리의 연수가 칠십이요 강건하면 팔십이라도

그 연수의 자랑은 수고와 슬픔뿐이요

신속히 가니 우리가 날아가나이다

누가 주의 노여움의 능력을 알며

누가 주의 진노의 두려움을 알리이까(시 90:9-11).

시편 107편이 보여주는 모든 장면은 하나님 없이 살아가는 인생이 마주하게 되는 하나님의 진노와 인간의 곤고함을 드러냅니다.

이 세상에서 인간은 안전하고 넉넉하게 살기 위해 광야에 거주할 성읍을 찾고 사막에 시내를 만들며 광야를 옥토로 바꾸려 애씁니다. 하지만 하나님께서는 강을 광야로, 샘을 마른 땅으로 바꾸실 수 있는 분이십니다(시 107:33). 옥토를 쓸모없는 소금밭으로 변하게도 하십니다(시 107:34). 이는 마치 소돔과 고모라처럼, 인간의 불신앙과 죄악으로 인해 비옥했던 땅이 쩍쩍 갈라지고 황폐해지는 모습을 연상시킵니다. 그러나 하나님은 동시에 광야를 연못으로, 마른 땅을 샘물로 바꾸시는 분이십니다. 굶주린 자들이 거주할 성읍을 예비하시고, 풍성한 소출을 거두게도 하시며, 복을 베푸사 크게 번성하게도 하십니다(시 107:35-38).

이 모든 것이 무엇을 말해 줍니까? 하나님께서 인간과 온 우주를 다스리시는 전능하신 분임을 보여줍니다. 생사화복이 전적으로 하나님께 달려 있습니다. 이 사실을 먼저 깨달았던 전도서 기자는 우리에게 이렇게 권면합니다.

형통한 날에는 기뻐하고 곤고한 날에는 되돌아보아라.
이 두 가지를 하나님이 병행하게 하사 사람이 그의 장래 일을 능히 헤아려 알지 못하게 하셨느니라(전 7:14).

인생은 마치 광활한 바다를 항해하는 배와 같습니다. 때로는 폭풍과 파도에 휩쓸리고, 흑암과 사망의 그늘에 갇히며, 질병과 죽음의 위협 앞에 서게 됩니다. 그러나 하나님은 폭풍을 잠잠케 하시고, 광야를 샘으로 바꾸시며, 죽음에서 우리를 건지시는 분이십니다. 우리가 다 이해하지 못해도, 하나님은 여전히 그 자리에서 완전한 통치를 행하고 계십니다.

영국의 찬송가 작가 윌리엄 카우퍼(William Cowper)는 자신이 깨달은 하나님의 이러한 주권과 통치를 '주 하나님 크신 능력'(God Moves in a Mysterious Way)이라는 찬송가의 아름다운 가사로 표현했습니다.

하나님은 신비로운 길로 섭리하시며,

기이한 일들을 행하신다.

바다 가운데 발자국을 남기시고,

폭풍을 타고 지나가신다.

측량할 수 없는 지혜의 깊은 곳에서

결코 실패함 없는 완전한 솜씨로

그분은 빛나는 계획들을 쌓아두시고

그분의 주권적인 의지대로 일하신다.

두려워하는 성도여, 다시금 용기를 내라.

그대들이 그토록 무서워하는 먹구름은

자비를 가득 머금고 있으며

곧 그대의 머리 위에 축복으로 쏟아지리라.

엄밀한 의미에서 하나님은 우리의 외모나 사회적 체면에는 관심이 없으십니다. 그분의 유일한 관심은 "우리가 진심으로 하나님을 경외하고 사랑하는가"에 있습니다. 하나님 없는 인생은 살아 있으나 실상은 죽음뿐인 길이기 때문입니다.

그러므로 우리가 취해야 할 태도는 욥의 고백과 같아야 합니다. "주신 이도 여호와시오 거두신 이도 여호와시오니 여호와의 이름이 찬송을 받으실지니이다"(욥 1:21). 사도 바울 역시 만물이 주에게서 나오고 주로 말미암고 주에게로 돌아간다고 선포했습니다(롬 11:36).

조금만 앉아서 지혜롭게 생각해 보면, 우리는 하나님이라는 분을 인식하게 될 것이며, 그분의 위엄과 영광 앞에서 경배하지 않을 수 없게 될 것입니다. 어리석은 자는 하나님이 없다 하며 허망한 인생을 살지만(시 14:1), 지혜로운 자는 삶의 모든 세세한 일에 주의하고 그 속에서 여호와의 인자하심을 발견하게 될 것입니다.

삶의 의미

오래전 한 예능 프로그램에 이름이 꽤 알려진 스님이 출연한 적이 있습니다. 그 자리에서 진행자가 이런 질문을 던졌습니다
"우리는 왜 태어난 겁니까? 가끔 그런 생각이 들어요. 내가 왜 태어났을까?"
이에 대해 스님이 대답합니다.
"순서가 뒤바뀌었어요. 이유가 있어서 태어난 게 아니라, 태어났기 때문에 이유가 생기는 거예요. 태어나는 데는 이유가 없습니다. 삶은 이유보다 먼저 주어져 있기 때문입니다. 주어

진 삶을 즐겁게 살지 괴롭게 살지는 본인의 선택입니다. '어떻게 살지'를 고민하면 긍정적인 삶으로 가지만, '왜 태어났는지'를 고민하면 그 무의미의 빈 공간에 빠지게 됩니다."

저는 진행자의 질문이 근본적이면서도 매우 중요한 질문이라고 생각합니다. 반면에 그에 대한 답변은 너무나 무책임하다는 생각이 듭니다. 만일 이유 없이 태어났다면, 인생은 축복이 아니라 가장 잔혹한 저주가 되고 말 것입니다. 인간은 의미를 먹고사는 존재이기 때문입니다. 의미 없는 삶을 사는 것만큼 잔인한 형벌은 없습니다.

불교 철학의 핵심인 무상(無常)과 공(空)의 관점에서는 태어나는 것에 이유가 없습니다. 오는 곳도 없고, 머무는 곳도 없고, 가는 곳도 없습니다. 그러나 하나님의 말씀은 단호하게 선포합니다. 모든 인간은 명확한 이유와 목적을 가지고 태어납니다. 삶이 주어진 것은 그 삶을 부여하시는 '창조주'가 계시기 때문입니다. 모든 인간은 하나님의 형상과 모양대로 지음을 받았고 하나님을 영화롭게 하기 위한 목적으로 태어났습니다. 사도 바울의 진술에 따르면, 우리는 그리스도 안에서 전부터 바라던 그의 영광의 찬송이 되기 위해 태어났습니다(엡 1:11-12). 그러므로 인간은 하나님을 경외하고 그분과 교제할 때만 참된 행복을 누릴 수 있습니다.

하나님은 이 목적을 위해 창조하신 모든 만물을 다스리십니다. 자신이 왜 태어났는지조차 모른 채 살아간다면 그는 얼마나 무지하며 비참한 자입니까? 복음은 바로 이 무지와 비참함으로부터 우리를 건져냅니다. 그리고 생명의 근원 되신 예수님께로 인도합니다. 만일 이 예수님을 자신의 주와 그리스도로 받아들인다면 그 사람에게는 참된 행복이 보장될 것입니다. 또한 이것은 창조주이신 하나님께서 피조물인 인간에게 요구하시는 진정한 본분입니다.

하나님은 만물을 그 뜻대로 통치하시는 절대 주권자이시며, 어제나 오늘이나 변함없으신 분입니다. 땅이 흔들리고 물결이 몰아쳐도 하나님은 여전히 거기 계십니다. 이러한 하나님의 절대적인 주권을 믿고 겸손히 하나님을 의지하며 그 하나님께 영광을 돌리는 삶이야말로 복되고 행복한 삶입니다. 이것이 진정한 기독교의 메시지입니다.

죄를 향한 하나님의 심판을 선포하다

다시 압박과 재난과 우환을 통하여

그들의 수를 줄이시며 낮추시는도다

여호와께서 고관들에게는 능욕을 쏟아 부으시고

길 없는 황야에서 유리하게 하시나(시 107:39-40).

여기서 "그들의 수를 줄이시며 낮추신다"는 표현은 인생이 쌓아올린 모은 번영과 성공을 하나님이 헛것으로 만드시고 마음을 주저앉히신다는 뜻입니다. 압박과 재난과 우환이 겹치면 인간은 무너질 수밖에 없습니다. 이것이 인간이 마주하는 비참한 현실입니다. 특별히 여기서는 고관들, 곧 높은 자들이 능욕과 수치를 당할 것을 말씀하시는데, 이는 고난이 능력 없는 자들에게만 오는 것이 아님을 보여줍니다. 하나님의 심판은 남녀노소, 신분과 지위의 고하를 막론하고 임하게 될 것입니다.

이와 동일한 말씀이 욥기에도 기록되어 있습니다.

귀인들에게 멸시를 쏟으시며 강한 자의 띠를 푸시며 …
만민의 우두머리들의 총명을 빼앗으시고
그들을 길 없는 거친 들에서 방황하게 하시며
빛 없이 캄캄한 데를 더듬게 하시며
취한 사람 같이 비틀거리게 하시느니라(욥 12:21,24-25).

하나님의 심판은 신분과 지위를 가리지 않습니다. 세상에서 가장 강한 자, 가장 높이 앉은 자라도 하나님의 진노를 피할 수는 없습니다. 하나님 앞에서 우리는 모두 죄인이기 때문입니다. 의인은 없나니 하나도 없습니다.

문명이 계속 발전하는 세상을 바라보다 보면, 하나님께서 재난과 우환으로 인간을 낮추신다는 말씀을 잊기 쉽습니다. 왜곡된 번영의 환상은 우리가 죄인이라는 실존을 가려버립니다. 하나님 없이 살아가는 사람들은 자신들이 세운 왕국의 안전과 영광을 자랑합니다. 인류 역사상 가장 진보한 시대, 첨단 과학과 의학의 혜택을 누리는 시대를 살고 있다고 자부합니다. 가상현실과 메타버스, AI 시대를 이야기하며 인간의 능력을 찬양합니다.

그러나 현실은 어떠합니까? 눈에 보이지도 않는 작은 바이러스에 전 세계가 공포에 떨지 않았습니까? 세계보건기구가 국제 비상사태를 선포할 수밖에 없었던 것이 우리의 현실이었습니다. 더 강력한 전염병의 대유행 가능성도 경고되고 있습니다. 하나님이 선물로 주신 이 세상을 인간이 남용하고 오염시킨 결과, 자연재해는 점점 잦아지고 있습니다.

인류는 결코 스스로를 구원할 수 없습니다. 그러므로 우리는 언제나 하나님의 심판의 말씀에 귀 기울이며, 겸손히 주님의 은혜를 구하는 삶을 살아가야 합니다.

인간의 본질적 문제

우리는 시편 107편을 통해, 이 세상에서 자신만의 방식으로 구원을 모색하지만 고통에서 헤어나지 못하는 인간의 모습을 살펴보았습니다. 광야 사막 길을 방황하는 사람, 지존자의 뜻을 멸시하다 곤고와 쇠사슬에 매인 사람, 하나님 없이 살다가 죽음에 이르는 질병에 걸린 사람, 그리고 큰 배를 띄워 항해하다가 폭풍과 파도를 만나는 사람들이었습니다. 현대인들은 스스로를 구원하기 위해 모든 노력을 기울입니다. 그리고 낙관합니다. 자신들이 겪는 문제의 원인을 환경에서 찾고, 경제에서 찾고, 제도와 정치에서 찾습니다. 교육만 더 받으면, 돈만 더 있으면, 제도와 정치 구도만 고치면 해결될 것이라 말합니다. 이 위기만 넘기면 괜찮아질 것이라 낙관합니다. 그러면서 사실을 외면하고, 본질을 왜곡하며, 문제를 감추는 데 급급합니다.

그들은 자신들이 겪는 일들의 실상을 보지 못합니다. 그 근원으로 파고들어가면 더 본질적이고 치명적인 문제가 존재한다는 사실을 인식하지 못합니다. 하나님을 거역하고 지존자의 뜻을 멸시한 죄가 맨 밑바닥에 자리하고 있다는 사실을 말입니다. 하나님께 범죄하여 영적으로 죽은 자가 무슨 일을 할 수 있겠습니까? 죽은 사람은 아무것도 할 수 없습니다. 그저 썩은 냄새를 풍길 뿐입니다. 영적으로 죽은 인간에게서 나오는 모든 것은 죄의 악취를 낼 뿐입니다.

성경은 이 사실을 수없이 많은 사례로 증언합니다. 자신에게 닥친 문제를 해결하기 위해 다윗 왕이 계획한 인간적이고도 잔악한 술수를 생각해 보십시오. 그는 충직한 부하이자 밧세바의 남편이었던 우리아를 기만했습니다. 자신의 죄를 은폐하기 위해 전장에서 사투를 벌이던 우리아를 불러들였고, 뜻대로 되지 않자 결국 그를 가장 위험한 전투의 선봉에 세워 죽게 만들었습니다. 다윗은 왕의 권력으로 완벽한 범죄를 꿈꿨으나, 하나님은 나단 선지자를 통해 그 뿌리 깊은 죄악을 드러내셨습니다. 다윗은 나단 선지자의 통렬한 책망과 지적을 받은 후에야 회개하고 참된 자신과 마주할 수 있었습니다.

하나님께서 심판하시는 이유는 단 하나입니다. 우리가 하나님께 범죄했기 때문입니다. 하나님은 스스로 교만하여 하나님을 대적하고 그분을 떠난 모든 자를 그분의 전능하신 권세로 낮추십니다.

진정한 기독교의 메시지

진정한 기독교는 결코 이 세상에 대해 낙관적이지 않습니다.

오히려 이 세상의 죄를 책망하고 하나님의 심판을 엄중히 선포하는 것이 진정한 기독교 메시지입니다. 죄를 심판하시는 하나님, 오늘날 교회가 시급히 회복해야 할 메시지가 바로 이것입니다.

그러나 오늘날의 교회는 인류의 이러한 참상을 감추기에 급급합니다. 거짓 교사들과 선지자들이 출현하여 사람들의 간지러운 귀를 긁어줄 뿐입니다. 이스라엘의 거짓 선지자들처럼 "평강하다 평강하다"고 외치지만, 평강은 그 어디에도 없습니다. 눈물의 선지자 예레미야는 이러한 세태를 통렬하게 고발한 바 있습니다.

이는 그들이 가장 작은 자로부터 큰 자까지 다 탐욕을 부리며 선지자로부터 제사장까지 다 거짓을 행함이라. 그들이 내 백성의 상처를 가볍게 여기면서 말하기를 평강하다 평강하다 하나 평강이 없도다. 그들이 가증한 일을 행할 때에 부끄러워하였느냐? 아니라, 조금도 부끄러워 하지 않을 뿐 아니라 얼굴도 붉어지지 않았느니라. 그러므로 그들이 엎드러지는 자와 함께 엎드러질 것이라. 내가 그들을 벌하리니 그때에 그들이 거꾸러지리라. 여호와의 말씀이니라(렘 6:13-15).

참된 설교자는 백성들의 죄의 참상을 책망하고 회개를 촉구해야 합니다. 주님의 길을 예비했던 선지자 세례 요한의 첫 설교 주제가 무엇이었습니까? 회개였습니다. 예수님의 첫 설교 주제 역시 회개였습니다.

회개하라 천국이 가까이 왔느니라 하였으니(마 3:2; 4:17).

이르시되 때가 찼고 하나님의 나라가 가까이 왔으니 회개하고 복음을 믿으라 하시더라(막 1:15).

예수님의 제자들도 나가서 "회개하라"고 설교했습니다(막 6:12). 오직 죄를 회개하고 예수 그리스도의 복음을 믿어야, 임박한 하나님의 진노와 심판을 피할 수 있다고 말이지요. 사랑과 용납, 관용과 환대는 분명히 중요합니다. 그러나 회개를 감춘 사랑은 복음이 아닙니다. 죄인 된 우리가 십자가 앞에 나아와 회개하고 다시 하나님께로 돌아가도록 담대히 선포하는 것, 그것이 진정한 기독교의 메시지입니다. 이것을 결코 잊어서는 안 됩니다.

하나님의 인자하신 구원을 선포하라

지금까지 시편 기자가 시사하고 있는 인간이 맞닥뜨린 난제에 대한 치료책은 무엇이었습니까? 그것은 바른 길로의 이끄심, 죄로부터의 회개, 질병과 사망으로부터의 치유, 그리고 바라던 항구로 인도하심을 받는 것이었습니다. 그리고 그 모든 치료를 위한 수단은 '부르짖음', 곧 기도였습니다. 시인은 인간이 운명적으로 겪어야 하는 여러 난제를 언급한 직후 6, 13, 19, 28절을 통해, 하나님께서 간절히 부르짖는 우리를 도우시고 고통에서 건져주신다고 반복하여 선포합니다. 이어서 시편 기자는 우리를 도우시는 하나님의 구체적인 모습을 다양하게 묘사합니다. 광야를 변하여 못이 되게 하시고 마른 땅을 샘물이 솟는 곳으로 만드시는 분(시 107:35), 주린 자로 하여금 거기 거하게 하시고 거주할 성읍을 예비하는 분(시 107:36), 또한 궁핍한 자를 건져주시고 그의 가족을 양 떼처럼 돌보시는 분으로(시 107:41) 묘사합니다.

특히 여기서 "건져주시고"라고 번역된 히브리어는 '샤가브'(שׂגב)인데, 이는 본래 누군가가 접근할 수 없을 만큼 '높이 들어올리다'라는 의미를 지닌 단어입니다. 성경에서는 성도들이 여호와 하나님 안에서 원수들의 손길이 미치지 못하는 곳에서 누리는 안전과 보호를 상징적으로 표현할 때 이 단어가 사용됩니다. 하나님께서는 이처럼 자기 백성을 철저히 돌보시고 안전하게 보호하는 분이십니다.

정직한 자는 이러한 하나님의 모습을 보며 기뻐합니다(시 107:42). 여기서 정직한 자란 의인, 즉 의롭다 함을 받은 자를 가리킵니다. 거듭난 그리스도인인 것입니다. 그는 온갖 방식으로 구원을 행하시는 하나님을 보며 기뻐하는 사람입니다. 그는 하나님께서 행하시는 구원의 역사를 주의 깊고 신중하게 관찰하며 묵상합니다. 그렇게 보고, 생각하고, 깨닫는 과정 속에서 그의 내적 변화는 더욱 깊어집니다.

이 변화는 단지 겉모습만 달라지는 피상적인 변화가 아닙니다. 여전히 과거의 습관에서 완전히 벗어나지 못한 모습이 남아 있을 수 있지만, 그럼에도 불구하고 그는 분명한 본질의 변화를 경험합니다. "나는 이제 이렇게 살아서는 안 되는 존재이구나. 나는 더 이상 하나님 없이는 살 수 없는 존재이구나"라는 깨달음이 그의 마음 깊은 곳에서 일어납니다. 이것은 죄인된 자신의 무능함과, 자신을 구원하시는 하나님의 인자하심에 대한 생각의 근본적인 변화입니다.

죄에 빠져 죽음을 기다릴 수밖에 없는 인류를 향한 하나님의 치료책은 무엇입니까? 그것은 죄에 대한 하나님의 공의로운 심판과 더불어, 하나님의 인자하신 구원을 선포하는 것입니다. 하나님께서는 광야 사막 길에서 방황하는 자들을 바른 길로 이끄십니다. 하나님을 거역하며 지존자의 뜻을 멸시하던 자들을 흑암과 사망의 그늘에서 이끌어내십니다. 식음을 전폐하고 침상에 누워 죽음을 기다리던 이들에게 말씀을 보내어 그들을 고치시고 위험한 지경에서 건지십니다. 인생의 항해 속에서 거센 폭풍과 큰 파도를 만나 정신까지 혼미해져 버린 자들을 위해 폭풍을 잠잠케 하시고, 마침내 그들이 바라던 항구로 인도하십니다.

복음은 우리가 죄인이라는 선언에서 끝나지 않습니다. 복음은 회개와 회복을 함께 말합니다. 그 안에는 죄를 향한 하나님의 심판과, 우리를 다시 살리시고 인도하시며 회복시키시는 하나님의 인자하신 구원이 함께 담겨 있습니다.

기독교의 참된 메시지, 그리고 참된 그리스도인

하나님께서는 예수 그리스도를 우리에게 보내셔서 십자가를 지게 하셨습니다. 예수님은 우리의 죄짐을 대신 짊어지고 십자가에 못박혀 우리를 위해 죽으셨습니다. 그렇게 우리는 죄의 사함을 받았고, 죄와 사망에서도 구원을 받았습니다. 바로 이것이 하나님이 행하신 구원의 방법입니다.

그러므로 오직 예수 그리스도만이 길이요 진리요 생명이 되십니다(요 14:6). 오직 예수 그리스도만이 천하 사람 중에 구원을 받을 만한 유일한 이름이 되십니다(행 4:12). 그리스도인이란 바로 이 예수님을 믿고 그리스도로 받아들이며 기쁨으로 영접하는 사람입니다. 아담과 하와의 범죄 이후로 수많은 시간이 흘렀지만, 그리고 앞으로도 오랫동안 변하지 않는 두 가지 사실이 있습니다. 인간은 구원이 필요한 타락한 죄인이라는 사실과, 그런 인간을 구원할 유일한 길은 예수 그리스도와 그분이 지신 십자가라는 사실입니다.

그리스도인은 이 두 가지 사실을 믿고 받아들이는 사람입

니다. 단순히 교회를 다니고 예배를 드리며 헌금을 드리겠다
는 종교적 결심을 한 사람을 의미하지 않습니다. 그것은 그리
스도인으로 살아가면서 드러나는 모습의 일부분이지 그리스
도인이 되기 위해 선제적으로 필요한 조건이 될 수 없습니다.
그리스도인이 된다는 것은 앞서 말한 두 가지 사실을 받아들
이고, 성령의 역사로 말미암아 내면의 본질적인 변화를 경험
하는 것입니다.

20세기 미국의 가장 영향력 있는 복음주의 설교자이자 밥
존스 대학교 설립자인 밥 존스(Bob Jones) 목사는 〈The Chapel
Sayings of Bob Jones, Sr.〉에서 기독교 교육의 철학을 강조하
면서 이렇게 말했습니다.

진정한 기독교의 철학은 자기 부인, 자기 통제, 자기 억제의 철
학입니다. 반면에 사탄 마귀의 철학과 이 세상의 가치관은 언제
든지 '네가 원하는 대로 살라', '네가 원하는 것을 가지라', '어떤
사람도 너에게 지시하지 못하게 하라. 네 인생이다', '그 인생을
살 권리는 네게 있다'의 철학입니다.

그렇습니다! 사탄은 우리의 인생이 우리의 것이라고 속이
며 하나님을 떠나라고 유혹합니다. 그러나 하나님께서는 자신

을 떠나는 순간이 곧 죽음이라고 말씀하십니다. 하나님을 떠나 마음대로 살아가면 행복할 것 같지만, 그 길의 끝은 필경 죽음과 멸망입니다. 그렇기에 진정한 기독교의 메시지는 하나님을 대적하는 위선과 불신앙, 죄와 불법을 끊임없이 경고하고 선포하는 것입니다.

분명 이런 메시지는 인기가 없습니다. 사람들은 설교자에게서 심리적 안정을 얻기 원하며, 자신의 불신앙과 그로부터 비롯된 삶의 결정을 도전하는 설교를 불편해합니다. 지금 이대로도 충분히 괜찮은데, 왜 변화를 강요하냐고 반문합니다. 사람들은 설교를 통해 도전보다는 위로와 만족감을 얻고 싶어 합니다. 그러나 달콤하기만 한 메시지는 진정한 기독교의 메시지가 아닙니다. 바울은 이를 가리켜 "허탄한 이야기"라고 지적합니다.

때가 이르리니 사람이 바른 교훈을 받지 아니하며 귀가 가려워서 자기의 사욕을 따를 스승을 많이 두고 또 그 귀를 진리에서 돌이켜 허탄한 이야기를 따르리라(딤후 4:3-4).

따라서 신자는 참된 메시지를 사랑해야 합니다. 말씀 앞에서 끊임없이 자신을 비추어 보고 점검하며 고쳐나가야 합니다. 이를 위해 우리는 하나님의 말씀을 주의 깊게 생각하고 살펴야 합니다. 그래서 시인은 이 시편의 결론에서 하나님의 인자하심과 사랑하심을 주의 깊게 살펴 깨닫고, 찬미와 영광을 돌리라고 명령합니다.

> 궁핍한 자는 그의 고통으로부터 건져 주시고
> 그의 가족을 양 떼 같이 지켜 주시나니
> 정직한 자는 보고 기뻐하며
> 모든 사악한 자는 자기 입을 봉하리로다
> 지혜 있는 자들은 이러한 일들을 지켜 보고
> 여호와의 인자하심을 깨달으리로다(시 107:41-43).

우리의 소망은 우리에게 있지 않습니다. 우리의 소망은 오직 하나님께 있습니다. 인생의 거의 모든 것을 경험했던 솔로몬 왕은 전도서 마지막 장에서 이렇게 권면합니다.

> '너는 청년의 때에 너의 창조주를 기억하라.' 곧 곤고한 날이 이르기 전에, 나는 아무 낙이 없다고 할 해들이 가깝기 전에 해와 빛과 달과 별들이 어둡기 전에, 비 뒤에 구름이 다시 일어나기 전에 그리하라(전 12:1-2).

그리고 마지막으로 이렇게 결론짓습니다.

일의 결국을 다 들었으니 하나님을 경외하고 그의 명령들을 지
킬지어다. 이것이 모든 사람의 본분이니라. 하나님은 모든 행위
와 모든 은밀한 일을 선악 간에 심판하시리라(전 12:13-14).

진정한 기독교를 말하는 참된 복음의 메시지에 늘 귀를 기
울입시다. 하나님과 하나님의 말씀을 늘 신중하고 주의 깊게
살펴봅시다. 우리의 하나님은 공의의 하나님이시며 동시에 사
랑의 하나님이심을 잊지 맙시다. 우리가 오직 믿음으로 말미암
아 의롭다 하심을 받았고, 그 은혜로 회개하고 돌이켰다면, 이
제는 우리를 향한 여호와의 인자하심을 바라보며 모든 감사와
찬양과 영광을 하나님께 돌리기를 권면합니다. 우리 모두 참
된 신자가 되기를 소망합니다.

마틴 로이드 존스『복 있는 사람』

인생의 가장 중요한 문제를 꿰뚫는 시편의 첫 장에 대한 로이드 존스 박사의 강해입니다. 로이드 존스 박사는 이 책에서 인생의 최고의 필요, 유일한 필요는 하나님을 아는 것이라고 강조합니다. 살아계신 하나님과 그 힘의 위력을 아는 것이야말로 인생에게 가장 필요한 일입니다. 그는 하나님을 아는 것 외에 다른 것은 필요하지 않다고 역설합니다. 실로 여호와께서 우리의 목자이심을 굳게 믿는다면 우리에게는 다른 아무것도 결핍되어 있지 않습니다.

레슬리 뉴비긴『죄와 구원』

탁월한 신학자이자 선교학의 대부인 뉴비긴은 죄로 인해 사람의 내면이 얼마나 분열되어 있는지, 그 결과 사람과 자연 사이에, 사람과 사람 사이에 큰 불협화음이 존재한다는 사실을 탁월하게 설명합니다. 뉴비긴은 거기서 멈추지 않고 그 불협화음과 분열을 종식시킬 방법으로서 하나님의 구원이라는 치료책을 제시합니다. 예수 그리스도가 골고다 언덕에서 자신의 생명을 희생하실 만큼 죄는 사소한 문제가 아니었습니다. 이 죄와 분열을 해결하려면 오직 교회가 제공하는 구원의 선물을 받아들일 때만 가능합니다.

로이 헷션 『당신의 옷자락으로 나를 덮으소서』

로이 헷션은 유명한 룻의 이야기를 오늘날 우리들의 이야기로 치환합니다. 한 가정의 시험은 나의 시험이고 우리의 시험입니다. 부모와 자녀 관계의 파괴, 가정의 파괴, 사회의 파괴, 인생의 파괴는 결국 인간이 저지른 죄의 참혹한 결과입니다. 그러나 하나님은 그리스도의 십자가를 통해 인간이 저지른 죄의 결과를 역전시키십니다. 보아스를 통해 나타나는 그리스도의 십자가는 인간의 죄에 대한 가장 강력한 치료책입니다.

싱클레어 퍼거슨 『헛된 것에 속지 마라』

저자의 스승이기도 한 퍼거슨 박사는 이 작은 전도서 해설을 통해 인생의 의미를 찾고 행복해지려는 인간의 간절한 노력이 얼마나 헛된 것인지를 유려한 필치로 분석합니다. 인생의 의미와 행복을 찾는 길은 교육도 쾌락도 일도 성공도 아니라 오직 여호와 하나님을 참되게 아는 것뿐이라고 단언합니다. 인생은 병 들었다는 것이 전도자의 진단이었으며 퍼거슨 박사의 진단입니다. 그 질병에서 치료를 받는 유일한 길은 하나님을 경외하는 길뿐이며, 그럴 때에야 비로소 인간은 참된 지식과 쾌락과 일과 성공의 의미를 발견할 수 있다고 말합니다.

인간의 난제와 하나님의 구원

초판 1쇄 발행 2026년 2월 20일

지은이 신호섭
펴낸이 신은철
펴낸곳 좋은씨앗
출판등록 제4-385호(1999. 12. 21)
주소 서울시 서초구 바우뫼로 156(MJ 빌딩), 402호
주문전화 (02)2057-3041 주문팩스 / (02)2057-3042
good-seed21@daum.net
www.facebook.com/goodseedbook

ISBN 978-89-5874-431-3 04230

© 신호섭

이 책의 저작권은 저자 및 저자와 독점계약한 도서출판 좋은씨앗에 있습니다.
신저작권법에 의하여 보호를 받는 저작물이므로 무단 전재와 무단 복제를 금합니다.